UM FANTASMA EM LONDRES

Pelo espírito Vinícius

Sarah Kilimanjaro

Um fantasma em Londres

Copyright by © Petit Editora e Distribuidora Ltda., 2017

6-2-22-100-13.450

Coordenação editorial: **Ronaldo A. Sperdutti**
Capa: **Júlia Machado**
Preparação: **Maria Aiko**
Revisão: **Isabel Ferrazoli**
Impressão: **Renovagraf**

**Ficha catalográfica elaborada por
Lucilene Bernardes Longo - CRB-8/2082**

Vinícius (Espírito)
  Um fantasma em Londres / pelo Espírito Vinícius ; psicografia de Sarah Kilimanjaro.
— São Paulo : Petit, 2017.
  256 p.

  ISBN 978-85-7253-328-7

  1. Espiritismo 2. Psicografia 3. Romance espírita I. Kilimanjaro, Sarah. II.
Título.

CDD: 133.93

Índices para catálogo sistemático:
1. Mensagens psicografadas : Espiritismo   133.93

Direitos autorais reservados.
É proibida a reprodução total ou parcial, de qualquer forma
ou por qualquer meio, salvo com autorização da Editora.
(Lei nº 9.610, de 19 de fevereiro de 1998)
Traduções somente com autorização por escrito da Editora.
Impresso no Brasil.

Prezado(a) leitor(a),

Caso encontre neste livro alguma parte que acredita que vai interessar ou mesmo
ajudar outras pessoas e decida distribuí-la por meio da internet ou outro meio,
nunca deixe de mencionar a fonte, pois assim estará preservando os direitos do
autor e, consequentemente, contribuindo para uma ótima divulgação do livro.

UM FANTASMA EM LONDRES

Pelo espírito Vinícius

Sarah Kilimanjaro

Av. Porto Ferreira, 1031 - Parque Iracema
CEP 15809-020 - Catanduva-SP
17 3531.4444

www.petit.com.br | petit@petit.com.br
www.boanova.net | boanova@boanova.net

Aquele que busca sinceramente não esmorece diante das dificuldades, por maiores que se apresentem, como árvores que, após a poda, renascem fortalecidas e enriquecidas.

Espírito Vinícius

*

No planeta Terra, uma casa em reforma, as mudanças são necessárias e imprescindíveis para que a vida retorne viçosa numa nova era.

Anne Thompson Stuart

(*mãe do personagem Richard William Stuart*)

Sumário

Introdução_____07
Palavras de Vinícius_____11

PARTE I – Resgate
  1. Fantasma em Londres_____15
  2. O resgate de lorde Richard William Stuart_____19
  3. Na dimensão espiritual_____25
  4. O educandário de aprendizado_____27
  5. Anne Thompson Stuart_____31
  6. A bênção do entardecer na colônia_____37
  7. Preparo para a reencarnação_____43

PARTE II – Recordações
  1. Visão de uma noite fria_____51
  2. Uma desventura chamada Meggy Taylor_____57
  3. Melanie recorda sua fuga à Escócia_____61
  4. Volta para a estrada_____67
  5. O primeiro dia na casa de Anderson_____73
  6. A vida no campo_____79
  7. A morte de Lizzie_____85

PARTE III – Retorno
  1. Família Cassal Barros_____89
  2. A gravidez de Maria Eduarda_____93
  3. Laurinda, espírita fervorosa_____97
  4. Laurinda e a casa espírita_____101
  5. Laurinda desencarna_____105
  6. Recordações_____111
  7. Livros de sabedorias_____115
  8. A vida é um aprendizado_____119
  9. Livre-arbítrio_____125
  10. Referência específica_____131

11. A primavera se ensaia em flores_____137
12. A acusação de um desencarnado_____143
13. Aula de evangelização_____151
14. Fascinação amorosa_____159
15. Reencontro_____163
16. Fernanda_____167
17. Ligações mentais_____173
18. Benfeitor Geraldo_____179
19. O casebre de telhas quebradas_____183
20. Chuva de início de verão_____189
21. Regressão de Leônidas_____193
22. Ajuda aos necessitados_____201
23. Os acompanhantes espirituais_____207
24. Cuidados com Liana e seus familiares_____209
25. O serviço no bem_____213
26. Maria Eduarda e Fernanda_____219
27. Afonso e os filhos_____223
28. Relembrando a beneficência e a piedade_____229
29. Em tratamento_____233
30. Véspera de Natal_____237
31. Começo de novo ano e nova vida_____245
32. Epílogo_____249

Introdução

A sucessão de anos em que venho convivendo com Vinícius, num estreito relacionamento de intercâmbio mediúnico, fez-me pensar na possibilidade de apresentar seu primeiro trabalho, ou melhor, "nosso". Esta história nos reuniu para nos afinarmos como um conjunto de instrumentos harmônicos e trabalhar no mundo das letras da seara espírita, já que eu estava acostumada com outros setores da mediunidade, como é o caso da psicofonia[1] e da inspiração. Era por meio de contos criados por que fazíamos nossas exposições no final da década de 1980.

A história narrada neste livro foi ditada a mim inicialmente em forma de conto, como treinamento, o que me faz

---

1. Psicofonia é a mediunidade que permite a comunicação oral de um espírito por meio do médium.

recordar a ilustre médium Yvonne A. Pereira[2]. Os mentores dela ditavam as histórias e orientavam-na para que fossem publicadas posteriormente, em época propícia. Também passei por essa experiência, em modesta comparação. Quero deixar o meu agradecimento a esta magnânima mulher e médium do mais alto porte, que viveu exclusivamente para divulgar o Espiritismo.

Desde a adolescência desenvolvi o gosto pela leitura. A paixão por ler facilitou-me o entendimento dos postulados do Espiritismo. Tanto assuntos filosóficos e científicos como os da moral cristã eram instigantes e fascinantes para uma jovem entre os treze e quatorze anos. Os livros de Zilda Gama[3] e os de Yvonne A. Pereira, talvez por serem romances, foram os primeiros que li, assim como os romances de Emmanuel, companheiros de todos os dias. Mas foi na mocidade, entre os dezesseis e dezessete anos, que os livros do mestre Allan Kardec me cativaram. Nessa época eu já apresentava palestras públicas com certa desenvoltura. A mediunidade abençoada se manifestava, cristalina, sob a direção do meu benfeitor e de diretores esclarecidos e estudiosos da Doutrina Espírita, que me orientavam.

Sempre que narramos uma história, sou convidada a rever determinado assunto da codificação a ser explanado no decorrer do romance.

O estilo inconfundível do amigo benfeitor Vinícius e o empenho com que se propõe a enriquecer a narrativa com objetivos otimistas fazem do romance um entretenimento educativo, instrutivo, sobre os postulados do Espiritismo, e prazeroso, porque não fecha a porta da esperança àqueles que trilham o caminho dos desacertos.

---

2. Yvonne do Amaral Pereira foi uma das mais respeitadas médiuns brasileiras, autora de vários romances psicografados. Publicou todos seus livros pela FEB (Federação Espírita Brasileira). Desencarnou no Rio de Janeiro, em 1984, aos 83 anos.

3. Zilda Gama, a pioneira, no país, a receber vasta literatura do mundo espiritual. Editou todos os seus romances pela FEB. Desencarnou em 1969, no Rio de Janeiro, aos 90 anos.

Para Vinícius e para nós, estudiosos do Espiritismo, na vida nada é definitivo no caminho à ascensão, em busca de plenitude, principalmente na escala evolutiva em que nos encontramos. Mudar é reinventar transcendendo, traduzindo os empecilhos em desafios para seguir em frente.

Votos de paz e alegria.

Sarah Kilimanjaro

Palavras de Vinícius

O leitor tem sempre curiosidade em saber como foi a criação de uma obra, e tenho acompanhado esse desejo. A intimidade que já possuo por penetrar nos lares me dá o privilégio de falar sobre esta obra com naturalidade, estreitando mais os nossos laços de fraternidade.

Quando este livro sair do prelo, provavelmente já terão se passado mais de duas décadas da primeira etapa. É o meu primeiro ensaio na área literária espírita. Escrito nos anos 1990 com minha parceira, receptora de meus escritos e de minhas histórias, foi primeiramente transformado em um conto extenso, dentre as várias crônicas que ensaiamos juntos. Felizmente a sintonia funcionou, e o livro ficou à espera, como um filho querido, aguardando a hora de o darmos à luz.

A humanidade terrestre ainda nos atrai, e desejamos falar de dramas e tramas que envolvem os homens, meus fraternos caminhantes em aprendizado na escola da vida. Se olharmos para trás, veremos o quanto já peregrinamos, caímos e levantamos, perdemos e ganhamos, fomos bem-sucedidos e malsucedidos. Mas não importa. Seguiremos em frente. Ainda há muito que aprender, e cada história que relato tem um pouco de "mim" e de "nós". Lidamos com amor, traição, mágoas, ressentimentos, vitórias, derrotas, esperança, bondade, alegrias, conquistas e fracassos, todas elas referências de uma evolução num plano de mediana categoria. Abaixo da esfera terrestre há vida bem mais inferior, tanto moral quanto intelectual, assim como acima há mundos felizes – e tive a oportunidade de visitar um deles.

Na vivência de todos nós existe uma essência que nos iguala e nos diferencia. A busca é única: a felicidade em escala evolutiva, tanto no plano em que habitamos, na Terra, como no mundo dos espíritos. Pois é chegado o dia em que nos desprenderemos por força de novos conhecimentos e partiremos para outros planos mais adiantados.

Quando eu estava me preparando para esta tarefa, parte da minha última estadia no Brasil como jornalista, entusiasmei-me ao ser convidado pelos mentores iluminados. Afinal, Sarah, além de estudiosa do Espiritismo, tinha uma boa bagagem cultural, pois lia muito. Mas assim mesmo me equivoquei. Não bastava refazer a lição de casa. Tive de me adaptar a um sistema não afeito aos meus hábitos, às minhas emoções, ao meu estilo de redigir os fatos, à forma de comunicação com a qual estava acostumado. A "máquina" que me ofereceram era diferente: tinha vida, emoções e opiniões próprias, e suas habilidades se diferenciavam da minha individualidade. Mas valeu o esforço. Adaptamo-nos. Ela cedeu e eu também, para que a obra seguisse seu curso segundo a programação do plano maior.

Desejo a todos uma boa leitura. Que esta nova era, marca de um novo progresso, venha a mudar ideias e posturas arcaicas sem lugar neste mundo em plena ascensão evolutiva, preparado para a renovação. Cada século traz sua própria programação num contexto geral. O deste é o caminho para um MUNDO DE REGENERAÇÃO.

Parte I
Resgate
1
Fantasma em Londres

O fantasma de lorde Richard William Stuart usava fraque, cartola, barba grande e um bigode espesso. Fumando cachimbo, dentro de uma carruagem luxuosa, gargalhava, enquanto a face transmudava em horrível carantonha. Regozijava-se da sua façanha. Agora era a sua vez de tripudiar. Ia por entre as ruas estreitas de Londres, numa noite fria e esfumaçada, em plena amplidão do espaço.

A cidade mergulhava em espessa e escura névoa, numa garoa monótona que caía com insistência – estamos no início do outono. Nesse cenário lúgubre, o fantasma gozava o sucesso de sua vingança. Por fim, conseguira seu intento: atingira em cheio seus adversários. Nada mais eficiente para acertar os inimigos do que afligir as pessoas mais caras ao seu coração. Tivera sucesso. A vingança, por fim, tinha-se concretizado, e ele bebia, um licor agridoce, porque provinha da amargura e da acidez, comemorando no seu coche preferido. Entre almofadas ricamente ornadas, festejava seu êxito. Desforrara-se.[4]

Encarnado, Lorde Stuart havia sido um homem de negócios, ateu convicto, cético e endurecido em matéria de religião e espiritualidade. Agora, no mundo dos espíritos, fora do corpo carnal, sentia-se livre para praticar atrocidades contra aqueles que julgava seus inimigos. Por isso seu passeio solitário pelas avenidas de Londres, gargalhando e brindando a si mesmo na atmosfera do espaço.

— *Por fim vinguei-me dos calhordas que no mundo das formas tripudiaram sobre minha dor e meu fracasso como homem e pai. Xeque-mate!*

No tabuleiro de xadrez ele era o vencedor. Ganhara a partida mais importante de sua vida eterna. Desgraçara quem o tinha traído e prejudicado não só a ele como àqueles a quem amava. Por fim, vingado, dera o troco na mesma moeda.

— *Saúde! Saúde aos vencedores!*

É preciso que se diga que na Londres dos castelos assombrados lorde Stuart era mais um dos personagens conhecidos e bemvindos a assustar muito transeunte desprevenido nas madrugadas solitárias londrinas.

— *Somos causa e efeito de nós mesmos, o acaso é nosso único Deus; logo, nada a temer. Mesmo sem nossa forma corporal continuamos matéria, comandando nosso destino. Quem pode mais oprime quem pode menos, e eu sou o maior; o poder me pertence. Aprendi a duras penas, mas valeu a espera.*

---

4. Sobre o poder da mente e da vontade: no livro *No Mundo Maior*, de André Luiz (FEB, 16a edição, p. 223), explica-se que a volição depende da força mental armazenada pela inteligência. Espíritos perversos com vigorosa capacidade volitiva, apesar de circunscritos a baixas incursões, são donos de imenso poder de raciocínio e manejam certas forças da natureza. No entanto, sem características de sublimação no sentimento, a eles são impedidas grandes ascensões.

A insanidade era visível naquele homem perdido nas recordações de um passado distante no plano terrestre. Embora soubesse que pertencia a outra dimensão, desconhecia o caminho do perdão e do amor, que cobre a multidão dos pecados do mundo. Achava-se importante porque detentor do livre-arbítrio. Praticara atrocidades em nome da honra, do amor-próprio ferido. Desconhecia a lei maior de perdoar – não sete vezes, mas setenta vezes sete. Não obstante nascido de pais cristãos, crescera na hipocrisia das aparências, tão na moda desde sempre. A sociedade pune a verdade se esta não for conveniente às regras vigentes. E crimes são praticados na calada da noite, sem testemunhas que os possam reconhecer.

Richard William Stuart, fidalgo da mais alta classe, encarnado, fora um lorde da corte, com fama de ser pessoa pouco amigável, um tanto agressiva e avinagrada. Mas nem sempre fora assim. O homem tem dentro de si a sombra e a luz, e é isso que o move para o bem ou para o mal. Não nos enganemos: entre idas e vindas, o bem sempre vencerá!

Vivera junto aos monarcas que administravam a Inglaterra. Convivendo com pessoas inescrupulosas, de tanto assistir e planejar ciladas, acabara caindo numa delas pelos falsos amigos que invejavam sua inteligência e privilégios entre os governantes. Mas isso fora há muito tempo – passou-se mais de um século até escrevermos esta história.[5] Agora, ainda que se achasse poderoso e dono da situação, era um farrapo humano desencarnado, um falido sob todos os aspectos. Entretanto, depois de muito sofrer nessa situação, andava triste e arrependido por perder tantos anos sem chegar a lugar algum, apenas com o tédio dos dias que se arrastavam, já sem a graça dos tempos de vingança. Aliás, a vingança fora feita,

---

5. Esta história foi ditada para a médium na segunda metade dos anos 1990.

mas nada acrescentara à sua existência, só uma mescla de doce e amarga satisfação. Doce porque havia se vingado daqueles que lhe armaram a cilada; amarga porque em nada tinha acrescentado à sua triste sina de ser um fantasma. Começou então a relembrar a infância, os momentos alegres em família, e surgiu em sua mente a querida mãezinha, sempre presente nos momentos difíceis da vida. Seus olhos se encheram de lágrimas e remorso. Cansado e saudoso, chamou por ela, que sempre esteve próxima e prestes a lhe oferecer ajuda no momento de seu arrependimento. E assim do plano maior veio o auxílio de que ele necessitava para que prosseguisse no caminho da ascensão evolutiva – da qual ninguém foge. Quem ama desce do plano maior para socorrer aqueles que precisam de uma nova oportunidade. E assim foi com Richard.

2

O resgate de lorde Richard William Stuart

A cegueira espiritual de quem odeia enclausura o indivíduo em um estado de auto-obsessão. Por isso, em algum lugar da dimensão espiritual ligada às extensas avenidas de Londres ele se vangloriava de uma ação vingativa. Em sua euforia, não observava a beleza das árvores embaladas por brisas perfumadas em um céu azul-turquesa esfumado por nuvens pesadas e bordado de astros fulgurantes.

Apesar da neblina, a noite embelezava-se com estrelas. Um som mavioso se fez por entre a natureza que dormia. À medida que aumentava, centenas de vozes espalhavam seu canto por entre as árvores, mansões, jardins, fontes, edifícios, perdendo-se pelos vãos dos palácios, em prelúdios majestosos. Do cosmo, em forma de cometa, um foco de luz descia sobre toda aquela área e também sobre a carruagem, envolvendo-a plenamente.

Da aparente estrela fulgurante, ao descer até o chão, uma dulcíssima voz, em melodia terna, cantou em versos o poema eternizado no Salmo de Davi (Sl 22):

"O Senhor é meu pastor, nada me faltará.
Deitar-me faz em verdes pastos, guia-me mansamente a águas tranquilas.
Refrigera a minha alma, leva-me pelas estradas da justiça e da misericórdia, por amor do seu nome.
Ainda que eu andasse pelo vale da sombra da morte, não temeria mal algum, porque tu estás comigo.
A tua vara e o teu cajado me consolam..."

Toda a atmosfera foi invadida pela música formidável e pela voz angelical de um divino ser, vestido de luz brilhante, de harmonia ímpar e deslumbrante.

Sons parecidos aos de alaúdes, violinos, harpas e piano acompanhavam aquela voz cheia de doçura e suavidade, atraindo o fantasma perdido em Londres. A sinfonia melódica alcançava o esplendor em cada nota. Ao tocar os sentimentos em sombra daquela criatura ainda humanizada, o poema de Davi, em forma de sons e esperança, renovou-lhe a estrutura psíquica. Graças a essa força magnética extraordinária, o velho homem assentiu àquela novidade em forma de respeito e silêncio. Olhando ao redor, disse:

— *Pelos poderes cósmicos, quem é? E que música é esta que me confunde e toca meu peito? Por ventura pertence a outra galáxia? Há muito não me sentia assim.*

UM FANTASMA EM LONDRES

E lágrimas abundantes rolavam sem constrangimento pela face daquele espírito cansado da sua guerra solitária, sem data para finalizar, que brindava mais a solidão do que a vitória amarga, pois se apoiava na desgraça alheia, no ódio, no rancor e na vingança. Entre o grupo vestido de luz, sobressaía-se uma formosa dama de cabelos grisalhos, mas de fisionomia jovial, aparentando cerca de quarenta anos. Encaminhando-se em direção ao espírito, falou-lhe:

— *William, filho meu, basta. Você ficou tempo suficiente retido na atmosfera terráquea, na ociosidade, em detestáveis cobranças, e agora vai comigo. É hora de partir para outras paragens, onde aprenderá novas lições no livro da sabedoria universal. A vida é eterna, bem sabe, e dinâmica; e há muito que aprender.*

— *Mamãe, mamãe* – falou o homem de aparência velha –, *como conseguiu remoçar? Veja o meu estado, estou mais velho e acabado, e a senhora está tão jovem e bela. Como isso é possível? E esta música...* – continuou com voz embargada – *parece eco do paraíso cantado por esses seres angelicais. Então o Céu existe mesmo, não era mentira dos representantes de Deus? Mas como, se eles eram, tanto quanto eu, ateus, pois não acreditavam no que pregavam?*

Lorde William estava sob o impacto da transcendência daqueles mensageiros de luz. Atônito, não acreditava em nada além do que conhecia e achava que era um *expert* em assuntos da outra dimensão. Curioso experimentador da Física e da Química, nunca havia encontrado Deus em seu laboratório, mas ficara contente por continuar vivo e invisível para desforrar-se dos que o traíram e o enganaram depois que fora assassinado. À época, quando encarnado, fazia experiências com homens vadios das noites sem estrelas e os mutilava para ver como funcionavam os órgãos internos. Mas não os fazia sofrer. Usava muitos anestésicos etílicos para torná-los completamente inertes. E, agora, diante daquelas visitas, entendia que aqueles seres só poderiam ser de outra galáxia. O universo era uma expansão infinita e, dada a sua grandeza, era impossível explorá-lo por inteiro.

A entidade chamada de mãe abraçou o homem velho, que se deixou embalar pelos dulcíssimos fluidos de amor. E então aconteceu um curioso fenômeno: aquele espírito de corpo gasto, de aparência idosa, transformou-se num belo jovem. E, com um ar de arrependimento, olhando com doçura aquele ser de luz, disse:

— *Vamos, mamãe, as coisas começam a fazer sentido para mim, estou pronto, quero ir com você. Aqui* — e olhou ao seu derredor — *fui muito infeliz, talvez porque não tenha entendido as lições de prudência e sensatez que uma vida pede quando se vive na Terra.*

Naquele instante, por força da entidade superior, a sombra que vivia no espírito ficou adormecida para que sua melhor parte se manifestasse e empreendesse novos caminhos.

O jovem em que se transformara aquele homem apenas acordou os pensamentos que o poder do espírito iluminado plasmara, deixando no inconsciente assuntos pendentes e dívidas contraídas para serem resolvidas em outra ocasião. Tinha os cabelos louros e encaracolados e o rosto iluminado de felicidade, voltado para aquela figura angelical que o abraçava e com ele entretinha um diálogo de mãe e filho.

Naquela caravana de luz e socorro foram resgatadas dezenas de espíritos prontos para novas empreitadas no plano espiritual, cada qual com seus amigos e benfeitores a festejar o sucesso do resgate dos amados em nome de Jesus.

A pedagogia do amor de quem traz Deus no coração tem desses métodos para refazer lições, à medida que a pessoa estiver pronta para enfrentar novos desafios. E assim se fez com o solitário lorde Richard William Stuart.

— *Vamos, querido, retomemos o caminho de casa. Precisamos rever lições para, mais tarde, retornar à escola da vida física, resolver os pro-*

blemas existenciais sem magoar ninguém e buscar saldos positivos. Vamos usufruir a vida em toda a sua extensão cósmica, amando, desculpando, aprendendo de forma prazerosa, ajudando mais quem sabe menos e ouvindo quem sabe mais...

E foi assim que deixou aquela carruagem-fantasma por ele mentalizada para ascender a novos caminhos, agora sob os cuidados desse anjo de amor descido do plano maior, com o propósito de resgatá-lo de uma vivência que não lhe acrescentava nada e o prendia a um passado havia muito inexistente e a sentimentos ruins, envoltos em atmosferas e emoções infelizes.

3

Na dimensão espiritual

Na dimensão espiritual para onde retornaremos fatalmente, após a morte do corpo físico, o que menos conta é a posição social que ocupamos na Terra. Por isso, vamos chamar nosso personagem simplesmente de Richard.

Após aquele encontro iluminado, o antigo lorde Richard William Stuart estabeleceu-se numa colônia de aprendizado, junto com outros espíritos, para rever e refazer lições. Ao não compreendê-las quando encarnado, equivocara-se na maior parte das vezes, pois se comprometera com as Leis Divinas quando agiu em detrimento dos seus semelhantes, fazendo-lhes mal. Importante, porém, reconhecer que teve também saldos positivos no que diz respeito ao desenvolvimento da inteligência, uma vez que a aprimorou nos estudos da ciência.

Os primeiros anos foram muito difíceis para todos os retirados da sombria esfera espiritual naquela noite. Embora já estivessem em condições de ser resgatados, o corpo espiritual deles ainda estava muito denso. A adaptação foi feita em uma área próxima da colônia. Suas energias ainda eram muito baixas para que pudessem entrar na instituição. Para isso, era necessário aprendizado para conseguir se sintonizar com o local.

Onde se alojaram ainda carregavam consigo más tendências e inclinações não dominadas totalmente por causa de atos infelizes praticados quando encarnados. A raiva persistia em vir à tona em qualquer discussão. Quando se lembravam de seus algozes, resquícios de ódio, rancor, mágoa e ressentimento tomavam-lhe as emoções. Isso acontece porque um espírito sempre carrega consigo, em qualquer situação, seu patrimônio espiritual. À medida que evolui, diminui o peso de sua bagagem. O que adquirimos em vida na Terra, em termos de matéria, fica no mundo; todavia o que somos, nossa essência, segue conosco em qualquer instância. Somos o que pensamos, o que sentimos e o que fazemos de bom ou de mal aos nossos irmãos. Nossos atos fazem parte do nosso patrimônio espiritual, que não nos abandona até conseguirmos reavaliar nossa postura. A Lei Divina é para todos.

4

O educandário de aprendizado

Em um aconchegante ambiente, novos parâmetros de vida passaram a ser ensinados nas aulas de boa conduta e moral cristã. Ali, espíritos de hierarquia elevada, comprovada pela aura iluminada de seus movimentos fraternos e pacientes, auxiliavam os falidos para que avaliassem seus comportamentos. Por meio de telas[6] individualizadas, nas quais suas histórias eram revisadas e estudadas nos mínimos detalhes, os espíritos refletiam sobre suas escolhas infelizes. Também aprendiam sobre a reencarnação e seus objetivos, sem penitências ou macerações físicas, pois essas coisas não instruem nem elevam o espírito.

---

6. Por meio de uma espécie de projeção, o plano espiritual pode acessar a nossa mente, onde ficam registradas todas as características de nossa personalidade em existências passadas, como cultura, hábitos e aptidões.

No princípio, é natural o desconforto de se pôr a nu perante si mesmo e ver-se agindo na obscuridade. Esqueciam que todas as ações que acompanham a alma, do nascimento à morte do corpo carnal, ficam gravadas na consciência. A amabilidade, a delicadeza e o entendimento dos espíritos nobres que conduziam as aulas sem julgamento deixavam os outros à vontade para avaliar seus comportamentos.

À medida que as aulas avançavam, esses espíritos acabavam ficando mais capacitados a rever, discutir e assimilar as lições que lhes eram administradas, preparando-se para um novo mergulho na carne, embora todos receassem o retorno.

Com Richard não foi diferente. Também teve de enfrentar seus desencontros, suas falhas e desatinos em razão de vinganças e orgulho ferido, que nada lhe trouxeram de benefício na vida encarnada. Suas ações irrefletidas lhe proporcionaram tão somente amargas decepções quando o coração e a inteligência deixaram de agir, dando lugar apenas a ações dirigidas por paixões e ímpetos. Cheio de orgulho ferido e arrogância, Richard se perdera. Com ares de superioridade, achava que pertencia à classe social dos privilegiados.

Os grupos de estudo eram divididos por afinidades e experiências malogradas: orgulho, arrogância, egoísmo, prepotência. As Leis Divinas sempre dão oportunidade para que o indivíduo retifique desvios praticados em sua passagem pela Terra. Na jornada do espírito, a ascendência não se faz em todos os sentidos e ao mesmo tempo. Pode-se escolher desenvolver um determinado conhecimento em uma existência e, em outra, o aperfeiçoamento moral. Desse modo, nestas paragens, após seu retorno, sua vida não se reduz somente a estudar seus erros, mas também a trabalhar para modificá-los. A assistência dos espíritos superiores não substitui o esforço individual da criatura em ascensão, apenas a auxilia. O espírito, em qualquer dimensão, desenvolve-se por si mesmo, na medida do esforço que emprega para seu próprio aperfeiçoamento, tanto intelectual como moral. Exercitando-se nas energias saudáveis e ativando as boas qualidades no plano espiritual, valorizará as atitudes no bem para serem aplicadas em boas ações na próxima encarnação. Contudo, não se esquece de pronto sua encarnação malsucedida porque precisa reparar os danos causados aos seus semelhantes e fortalecer, em forma de realização, as promessas de mudanças. Aqui é necessária uma explicação: o espírito desencarnado não toma conhecimento das muitas encarnações passadas. Nas aulas de aprendizado, muita coisa fica guardada no períspirito. No momento de revisões e aprendizado, o mais importante é ver, rever e valorizar o bem, sentir a vontade de reforma, entender a retidão de caráter, vivenciar a moral de fazer o bem como gostaria que os outros fizessem a ele. Todavia, após exercícios e aprendizagem, o espírito com menos densidade vai naturalmente rever muita coisa boa que havia guardado.

No grupo de Richard, os espíritos eram separados de acordo com seu padrão vibratório, a partir de suas tendências e desejos. As confraternizações, as trocas de experiências e os passeios diversificados os fortaleciam e os energizavam para seguir o caminho do bem. Ainda assim foi um longo tempo de trabalho pessoal, modificação de sentimentos e equilíbrio de instintos.

5

Anne Thompson Stuart

Passou-se um bom tempo, e William permanecia na colônia, habilitando-se para uma vida de qualidade, desvencilhando-se dos sentimentos inúteis. Em um daqueles dias de tranquilidade e serenidade, a que fora sua mãe numa encarnação passada marcou um encontro informal com ele. Anne convidou Richard William para dar uma volta pelos jardins da colônia. O dia estava magnífico, os pássaros trinavam de galho em galho. No jardim, as mais variadas flores, cores e aromas chamavam a atenção. A colônia, muito espaçosa, abrigava praças em muitos lugares. Árvores frondosas acompanhavam as alamedas, deixando ver ao longe planícies em um lençol verde com miúdas flores a se perder de vista, com o céu azul de fundo. Filho e mãe, abraçados, caminhavam serenamente ao lado de uma das avenidas daquela esfera espiritual. Ao enxergar um banco sob um caramanchão, ela o convidou a se sentarem para conversar mais à vontade.

Anne tinha se organizado especialmente para ter uma conversa informal de mãe e filho. A princípio ela recordava a infância dele feliz com seus brinquedos, tombos e birras com as babás. E falava dos animais, como cães, cavalos, minhocas e sapos, que ele embebedava para abrir e ver como funcionavam.

— *Ah, minha mãe* — dizia ele sem consolo —, *talvez isso tenha contribuído para eu dilacerar pessoas embriagadas e pobres que andavam pelas ruas de Londres. Minha curiosidade me converteu em um homem sem respeito ao ser humano. Assim como eu fazia com os animaizinhos, eu embebedava pessoas para que ficassem anestesiadas. Mas eu não era misericordioso com os inimigos e adversários desleais, que queriam meu pescoço. Aqueles que eu considerava amigos me traíram por cobiça, ambição, deslealdade e inveja. Ansiavam meu lugar de destaque junto aos soberanos como também a minha riqueza. Sim, eu lutava com meus competidores. E se tivesse de optar pela minha vida ou pela deles, lógico que optaria por mim. Para que não gritassem em meu laboratório, eu os embriagava, retirava suas vísceras e depois os acordava para que percebessem o que lhes tinha acontecido. Mas fui bem castigado. Andei pelas áreas das sombras após ter me vingado dos meus algozes e vivi infeliz esses pesadelos. As almas perversas que conheciam minhas maldades fizeram o mesmo comigo. Acho que com esses eu resgatei a dor terrível que infligi a eles. Nunca mais andarei por essas ações criminosas, espero.*

— *Meu filho* — falava Anne, esperando o momento para argumentar, pois tinha deixado Richard extravasar o que ainda trazia no espírito —, *o passado é algo com o qual deve lutar para eliminar, porque ele não volta mais nesta existência. Cada um responde por suas escolhas e se responsabiliza por elas. É a Lei Divina para todos. Tente sempre perdoar seus desafetos. Pensamento de revolta, meu querido, atrasa sua recuperação. Você precisa elevar o pensamento ao plano superior. Veja, meu querido, por este ângulo: ódio e vingança são também doenças da alma que, em vez de olhar para cima, se regurgita em mergulhar no lodo. No mar da vida, sem disciplina e sem honra, grande parte dos indivíduos se perderá pelo canto das sereias, que representam as facilidades dos que vivem sem pudor e sem amor, para si mesmos, mergulhados na irresponsabilidade e na devassidão.*

E assim, em meio à harmonia e beleza ímpar daquela esplendorosa colônia inglesa, Anne lecionou o sentimento de perdão e a disciplina do esquecimento, como instruía sempre quando Richard fixava a mente naqueles tempos de descontrole e tentava anular um passado de dor e delinquência. Volta e meia uma passarada vinha pousar em seu ombro esguio, mas sem afetação. Ela falava com eles, na sua linguagem de gorjeio, trocando vibrações e energia com seus irmãos menores enquanto o vento suave trazia o perfume das flores. Sentados em um caramanchão de flores trepadeiras em um colorido variado, mas suave, parecia que chamavam a atenção pela afinidade que deles transparecia. Vestida com um manto azul-claro, ela trazia a mocidade e a frescura no rosto translúcido e a luminescência branca nos cabelos nevados.

— *Vim aqui para encorajá-lo a ser bom estudante, esforçado em vencer como se estivesse na Terra, tentando tirar boas notas. Tente superar os resquícios de um passado sombrio. Lembre-se sempre, meu amado, de que onde eu estiver minha mente estará com você. Quem ama não esquece o fruto desse amor. Nem sempre estarei nesta colônia, porque outras existem pelo universo e necessitam de minhas tarefas. Meu filho, ouça: a modificação do plano mental jamais se impõe, é fruto do esforço. Fica muito claro aqui como o amor pode realmente dar esperança às pessoas, mas cada um tem seu tempo de evolução.*

– *Desculpe-me se não correspondo às suas expectativas. Sinto sua falta, mamãe. Muitas vezes, escondido, chorei de saudade e me sinto muito só, embora tenha conquistado amigos por aqui.*

– Pois trate de ver em seus amigos os irmãos em Cristo. Todos são filhos do mesmo Pai, e você ainda carrega em excesso o peso da consanguinidade. Isso não lhe fará bem, porque a verdadeira afinidade é a do espírito. Ame, entrose-se, faça amizade legítima. Sei que tem um grande amigo, o Alfredo, que lhe dá suporte em suas indecisões. Estreite no convívio fraterno essa amizade pura e sem pretensão. Richard, preste atenção: a amizade verdadeira do espírito não tem a ver com o afeto de sangue. Lembre-se de quanto Alfredo foi para você um amigo confiável.

— De fato, minha mãe, havia me esquecido de Alfredo, meu grande confidente e irmão, sempre com tempo para minhas lamúrias.

Respirando fundo e mudando de assunto, Richard a questionou:

— E papai, por onde se encontra que nunca o vi por aqui?

— Arthur continua nos lugares sombrios por desejar as companhias que cultivou, devassas e degeneradas. Digamos que não está maduro o suficiente para as coisas reais e evoluídas do espírito, mas um dia acordará. Ninguém vive eternamente na irresponsabilidade. Haverá de acordar. Vivendo em atmosfera de baixo teor vibratório, não quer ser resgatado porque se sente bem lá, com seus comparsas. Mas isso é assunto para outra oportunidade.

E continuou:

— Nada melhor para crescer e esquecer as mágoas do que trabalhar com alegria e disposição. As forças do bem que temos na intimidade florescem, e transpiramos, por assim dizer, aromas de plena alegria de servir com satisfação aqui, na colônia. Estive vendo que necessitam de pessoas para descer aos calabouços e resgatar espíritos em condições de mudança. Conversei com os responsáveis pelos trabalhos para verificar se é possível incluir você nesses grupos. Com seu coração bom irá se integrar em expedições de resgate, da mesma forma como foi resgatado.

— Estarei apto para isso? Ainda tenho sentimentos infelizes...

— Você já fez muito serviço nesta colônia sem entrar em contato com *as zonas mais densas, mas agora terá de fazê-lo para desenvolver qualidades que talvez desconheça. As pessoas que ajudará terão padrões vibratórios inferiores aos seus, por isso tem todas as condições de servir.* — E, olhando o firmamento maravilhoso, deu por terminada a conversa: — *Anoitece, vamos, querido, chegou a hora. A Lua cheia está admirável. Caminhemos em direção à colônia. Neste momento estão orando e agradecendo as dádivas aqui recebidas, bênçãos jamais conhecidas no planeta Terra.*

E, assim, abraçados como nos velhos tempos na Terra, eles entraram no salão, onde outros espíritos, com a fisionomia relaxada e feliz, aguardavam a hora da realização do evento. Percebia-se que aquele encontro semanal não era para todos que viviam na colônia. Os padrões vibratórios tinham de se assemelhar, uma vez que as atividades que ali se dariam eram de grande responsabilidade e atenção. O próprio Richard visitava o lugar pela primeira vez.

— *Não se surpreenda, meu filho, aqui as energias devem estar sempre nos fluidos positivos do bem, da harmonia, do amor, sem pensar em recompensa. Você vai assistir a uma contemplação extraordinária. Ficará com alguns amigos meus, com quem já falei sobre você. Se precisar de alguma coisa, toque-lhes a mão, que esclarecerão o que deseja. Fique atento a tudo e observe. Por ora dirijo-me a outro grupo que me espera. Vou participar de um coral. Sou uma das solistas indicadas. Assim, aguarde-me porque tenho uma linda surpresa para você.*

Inquieto e tímido por nunca ter conhecido lugar tão belo e harmônico, com pessoas de auras fulgurantes, estava mais do que constrangido. Teve impulso de sair dali correndo, mas ouviu em pensamento: *"Fique, não saia daí porque há muitos espíritos de sua mesma categoria; olhe para trás, veja os que estão separados por faixas magnéticas; estes ainda assim podem, de onde estão, apreciar os acontecimentos sem atrapalhar".*

A colônia era uma área vasta, uma grande cidadela espaçosa, à semelhança da Terra. Havia residências, escolas, educandários e alamedas que davam para muitos departamentos. Centros administrativos parecidos com os da Terra, mas muito mais modernos. Percebia-se um trabalho incessante para manter tudo em perfeito andamento. Havia muitos hospitais e lugares em regiões periféricas, mas que ainda faziam parte da colônia. Nesses locais eram atendidos espíritos totalmente insanos, sob os cuidados de enfermeiros que, com generosidade fraterna, cuidavam deles como se fossem parentes próximos.

Em qualquer lugar em que se encontram espíritos, eles jamais estarão à deriva, porque a misericórdia de Deus está em toda parte. Os espíritos enfermos precisam se desembaraçar das más energias absorvidas na Terra e nas esferas sombrias que os recebem quando desencarnam. Por intercessão de almas generosas, são conduzidos para lugares de refazimento a pedido de benfeitores altamente evoluídos. Eles precisam viver em lugar adequado até que estejam aptos para seguir a outros locais cujo padrão vibratório seja mais elevado. Como disse, os espíritos enfermos nunca ficam sem proteção divina. A misericórdia de Deus e sua compaixão acolhem a todos indistintamente, valendo-se dos filhos mais esclarecidos para socorrê-los.

6

A bênção do entardecer na colônia

O salão tinha a forma de um lindo e confortante teatro, muito elegante na sua singeleza. Espíritos educados e gentis pediam licença para sentar nos lugares já marcados.

Richard estava encantado e admirado. As pessoas vestiam-se com modéstia, e a dignidade transparecia no seu modo de agir e de se locomover. Dava a impressão de que todos se conheciam.

Após um sinal, a música começou com o solo de um piano, seguido pela orquestra inteira. A seguir, o coro, a um sinal do maestro, entrou com uma ária que fez Richard se lembrar de quando sua mãe foi resgatá-lo. Não reprimiu as lágrimas. O mais fantástico era que no palco, acima da orquestra, espíritos interpretavam passagens da vida de Jesus por terras de Galileia, Belém, Cafarnaum etc. A peça levou mais ou menos duas horas de êxtase e arrebatamento, e as pessoas exalavam pura energia. Os padrões vibratórios iam às alturas. Richard viu e ouviu a voz sonora e encantadora de sua mãe no solo, falando de amor, de vida e de bênçãos que a divina providência oportunizava àqueles que estavam ali para reencontros com amigos, familiares e parentes em uma nova reencarnação.

Terminada a apresentação, a mãe de Richard foi ao seu encontro de mãos dadas com uma pessoa que ele não conseguia distinguir. Era uma bela mulher, longilínea, sem arrogância no olhar. Ele pensava: *"Por Deus, quem é essa majestosa que vem de mãos dadas com minha mãe?"*. E uma pontinha de ciúmes começava a aparecer quando sua mãe olhou para ele e lhe fez sinal de repreensão, lembrando que naquele lugar não havia espaço para sentimentos negativos.

Elas vinham conversando como velhas amigas, embora se notasse a diferença de idade entre as duas. A juventude transparecia nos gestos e no caminhar da acompanhante. Parecia que não caminhavam, mas deslizavam com a mesma disposição. A desconhecida de gestos delicados e gentis exalava jovialidade.

Richard ficou tímido. Quem seria aquela diva, que não lhe parecia estranha? Afinal, conhecia-a de onde?

Sua mãe o abraçou e perguntou-lhe o que havia achado das bênçãos.

— *Magnífica, pensei que estivesse no céu. Quase todas as pessoas estavam iluminadas e de fisionomia alegre. Fiquei um pouco envergonhado de estar junto delas e não vestir roupa semelhante.*

— *Ah* — disse Anne movendo a mão —, *quem disse que não está com a aparência bonita e iluminada?*

E então ele se surpreendeu ao ver que tinha certa luminosidade:

— *Mas eu não estava assim! Como isso aconteceu?*

— *Você se iluminou pela atenção e sintonia com o ambiente, sinal de que elevou seus padrões vibratórios como os demais neste lugar abençoado.* — E, olhando para sua acompanhante, perguntou ao filho: — *Você se lembra dela?*

— *Não, nunca a vi nesta colônia.*

— *Aqui acredito que não, mas na Terra...* – insistiu sua mãe.

Richard olhou aquela jovem de ar angelical que aos poucos ia se transformando em uma pessoa adulta, vestida com roupas do tempo em que ele morara em Londres.

— *Mamãe, como pode? É a minha querida Melanie! Quantas vezes pensei nela e nas minhas filhas... Ah, e com tanta dor, julgando-me não merecê-las pelas péssimas atitudes que tomei. Meus sentimentos de revanche não me deram tempo de defendê-las dos infames.*

— *Não, meu filho, aqui não devemos pronunciar palavras que enxovalhem o ambiente, o que passou não volta mais. Agora um futuro promissor de projetos e mudanças esperam vocês. Vá passear com Melanie. Conversem. Vá, e que tudo dê certo.*

A princípio ambos estavam constrangidos, mas o ambiente da colônia logo deu jeito para que ficassem bem e descontraídos.

— *William, não precisa me contar a sua história porque estou a par de tudo. Antes de voltar a vê-lo fui consultada se gostaria de retornar à Terra e conviver matrimonialmente com você para planos muito importantes e de grande responsabilidade. Depois de rever toda a sua vida, com todos os comprometimentos no plano terrestre comigo, e que eu desconhecia, sinceramente vacilei. Foi Anne quem me ajudou a aceitar, mesmo sabendo, depois de sua morte, dos seus desatinos. Mas ela me confirmou que o aprendizado no serviço socorrista em favor dos necessitados deixaram-no pronto para uma nova empreitada. Você precisa ao seu lado de pessoas que lhe deem apoio e cumplicidade na tarefa. Assim, os benfeitores iluminados chegaram à conclusão de que eu poderia ser essa pessoa pelo nosso elo de afinidade. Concordo que, ao mergulharmos na Terra, as coisas não serão fáceis, porque vamos enfrentar nossos defeitos, obstáculos e adversidades, e isso já é motivo para recearmos uma nova vida. Mas como essa encarnação* se dará no Brasil, já é encorajador. *Estive com um grupo de amigos para tomar conhecimento sobre essa terra tropical e gostei muito das paisagens diversificadas, dos mares, das montanhas, das planícies, dos rios a perder de vista. Mas não nos esqueçamos de que a Terra ainda vive uma escala de provas e expiação.*

— Muito bem, minha querida — falou Richard rindo, agora mais descontraído —, *bela informação você me passou. Se clima e natureza são magníficos, ah... minha lady, vamos enfrentar muitas coisas pela frente. E isso me assusta, mas sabendo da sua companhia fico mais tranquilo e seguro para mais uma jornada no plano terrestre.*

Richard olhou para a mulher com quem ele partilhara a vida na Terra, mais bela do que nunca, e seus olhos brilharam de afeto e amor.

— *Deixe-me abraçá-la, meu amor, porque a saudade e meu afeto por você nunca deixaram de existir. Quero beijar suas mãos adoráveis, minha querida.*

— *Sim, meu querido, eu o amei e ainda o amo, mesmo quando me lembro de você, na Terra, me trocando por noitadas na corte. Passei muitas noites de insônia, tentando entender o que faltava em mim para que você me trocasse pelas festas entre nobres e cortesãs sem escrúpulos.*

William colocou a mão docilmente nos lábios dela e aconchegou-a mais para perto de si, abraçando-a com delicadeza. Suavemente lhe pedia perdão.

— *Quando temos uma joia de inestimável valor ficamos vaidosos pela conquista, depois achamos que nos pertence e não tememos perdê-la. Minha amada, me equivoquei quando levei a indefesa Charlotte naquela noite fria para você amparar. Você não a repudiou, mas sim a amou. Mas nunca mais foi a mesma. Magoada, escondeu seus sentimentos de desamor. Lembre-se de que tentei muitas vezes retomar o convívio matrimonial, mas você me recebia com orgulho. Eu não alcançava sua alma nem seus sentimentos ternos como antes. E eu, que também era arrogante e pretensioso, não reclamava. Ia me divertir com as cortesãs, que não me saciavam o de-*

sejo de ser amado verdadeiramente, como você me fazia nos primeiros anos de nosso casamento.

— *Meu bem, agora são outros tempos e melhores do que aqueles. Temos uma programação muito séria para desenvolver, e o nosso amor está mais forte, mais evoluído, mais confiante. Vamos sim trabalhar juntos e nos amar muito. Quero também ver a cilada que você sofreu e que terminou com sua morte. Vou combinar com o departamento de revisão do passado para irmos juntos, aceita?*

— *E como não aceitar se isso me deixou muitas vezes intrigado por não conseguir saber o paradeiro de vocês? Quando consegui, depois de algum tempo, chegar à mansão, ela estava totalmente depredada e nossas relíquias, roubadas.*

— *Bem, assim que tiver contato o avisarei. Agora tenho de ir —* disse ela com pesar —, *mas não faltarão outros encontros. A partir de agora nos veremos com mais frequência.*

Melanie partiu para a residência onde vivia com amigas que também se preparavam para a próxima encarnação. Richard retornou à sua com a alma feliz.

Entre os dois, a diferença de desenvolvimento transparecia. Melanie era a mais evoluída, por isso vivia em outro abrigo, com pessoas de mesmo padrão vibratório.

7

Preparo para a reencarnação

Alguns espíritos que formariam a família de Richard e Melanie já estavam encarnados havia algum tempo. Desceram ao campo da vida terrestre para se preparar e formar núcleos a fim de recebê-los como parentes. Nasceriam mais tarde outros que se engajariam na consanguinidade.

Richard e Melanie começaram a se preparar para a reencarnação que se aproximava. Eles aguardavam o mergulho na carne com muita excitação. Ele se assemelha a uma viagem longa, na qual muita coisa pode acontecer. A densidade da vida física difere muito da de desencarnados.

Segundo seus benfeitores, a nova encarnação era a oportunidade para provarem a si mesmos o quanto haviam assimilado no aprendizado de renovação. Contudo, estavam um pouco temerosos, pois já vinham, de outras encarnações, derrotados e infelizes. Teriam de enfrentar os mesmos personagens e o mesmo cenário de onde partiram, para refazer as lições que não souberam ou não quiseram aprender com a mestra vida. Precisavam superar conflitos internos, quando estivessem na luta entre o bem e o mal, junto com adversários do passado, em meio a provas e expiações, enfrentando ações que os haviam feito sofrer e desejar a vingança. Apesar de tudo, eles estavam confiantes e esperançosos. Espíritos mais elevados acompanhariam seus passos sem mexer no seu livre-arbítrio. Nem todos os adversários estariam no Brasil. Porém, os mais importantes mergulhariam, sim, no Brasil. Almas afins também renasceriam para fortalecer sua proposta de crescimento evolutivo, com mudanças e envolvimento na preparação do planeta para um mundo melhor.

Assim, numa colônia espiritual sobre o Velho Mundo, nas proximidades da Grã-Bretanha, Richard e uma falange de ingleses viveram cerca de um século e meio de anos terrenos, na mesma área espiritual, aprendendo novos conceitos de vida, alicerçando-se no perdão incondicional, preparando-se para uma nova jornada — uma nova encarnação, no Novo Mundo, na América, no Brasil, com alguns personagens de sua passagem anterior pela Terra. Vivenciariam experiências no campo da espiritualidade evolutiva por meio de muitas propostas de recomeço no plano da moral e dos bons costumes, com muitos desafios a serem vencidos. Iriam provar, no campo da matéria, que a riqueza material é perecível e que o sentido da vida está nos ensinamentos do Espiritismo.

Segundo meus conhecimentos e as experiências como espírito, a evolução não se processa de modo linear, em linha reta. Há muito ainda que descobrir nessa área, mas chegaremos lá, certamente. E também é necessário que se veja a vida corpórea não como um fim, mas como parte de um processo da existência em seguimento permanente. Na matéria, o espírito desenvolve seu projeto de evolução. Toda adversidade, nesse campo, faz parte do instrumento de nosso aperfeiçoamento, na ascensão à plenitude a que tanto aspiramos. Por outro lado, entendemos que as adversidades pelas quais passamos têm a finalidade de nos pôr em condições de enfrentar nossa parte na obra da criação.

Chegando o tempo da reencarnação, a genitora e benfeitora de Richard lhe afirmou:

— *Lembre-se das palavras de Jesus, no Monte, quando lecionou as bem-aventuranças. Esta é uma das que mais me agradam: "Bem-aventurados os que são misericordiosos, porque obterão misericórdia".*

E continuou, como mãe zelosa:

– *Contudo, filho querido, para desfazer enganos, acrescento algo muito importante nesta viagem à Terra. Assimile: para perdoar os inimigos, precisa perdoar a si mesmo, isto é, enquanto não nos libertarmos do desejo de castigar e punir os semelhantes, não estaremos em condições de obter a dádiva da compreensão para o autoperdão que nos completa. Lembre-se de que veio saturado de ódio e de vingança para este plano espiritual. Meu amado, a justiça de Deus é plena de compaixão e misericórdia. Não julga, não cobra, não castiga. Isso você aprendeu nos estudos aqui na colônia; todavia, há coisa que só você pode resolver porque é parte de sua individualidade, de sua liberdade de escolha: enquanto seu espírito não se perdoar e abrigar ressentimentos no seu interior, mesmo que não seja consciente, meu querido, você irá deparar com a carruagem-fantasma, aquela que plasmou para brindar a vitória amarga sobre a ruína dos outros. Essa imagem aparecerá em sua mente para alertá-lo que amar e perdoar é mais valioso ao próprio espírito do que odiar e se vingar. Ela será uma forma de lhe dizer que vale mais o esquecimento das ofensas do que partir para vinganças e cobranças. Você magoou muita gente. Siga essa nova jornada com muitos valores adquiridos e a minha bênção. Sempre que sobrar tempo das minhas tarefas aqui, irei visitá-lo. Vou acompanhá-lo desde seu nascimento. Entretanto, tem livre-*

-arbítrio, patrimônio inerente do espírito, e ele não pode ser violentado por quem quer que seja, mesmo por uma boa causa.

"Irão acompanhá-lo amigos que farão a sua ligação com a concha materna no seu regresso. Com eles ficará algum tempo. A eleita para o seu renascimento é Laurinda, minha amiga e trabalhadora desta colônia, com quem você teve vínculos no passado. Ela foi convocada a recebê-lo em seu regaço maternal. Entre vocês há uma afinidade de longa data, que ultrapassa esta última encarnação. Ela trabalhou para vocês como governanta, quando então se chamava Geraldine. Quando isso acontecer, os responsáveis pela reencarnação me convocarão para participar desse grande momento. Quero participar com infinito agradecimento aos benfeitores siderais por lhe concederem essa nova oportunidade, a qual não deve desperdiçar. Portanto, Richard, nascerá no Brasil, essa terra abençoada de poucos anos, descoberta em 1500 por portugueses. Por ser um jovem país ante a civilização europeia, os que a habitam ainda não trazem o estigma das expiações da Europa. Em outro continente, longe da Europa e de seu clima frio, que endurece o temperamento e a personalidade, viverá no clima tropical, sem a rigidez das baixas temperaturas que afetam os habitantes, como na Inglaterra. E também não há reis nem rainhas, nem fidalgos nem nobres. Nascerá em um ambiente próspero, abundante, e logo perderá as facilidades da riqueza a fim de fortalecer sua tarefa de enobrecimento da alma. Conhecerá a ruína, que lhe ensinará o desapego dos bens materiais para cultivar os das boas ações."

Depois de uma breve pausa, com os olhos banhados em lágrimas, ela continuou:

— Meu querido, para onde vai, você enfrentará muitas ciladas, porque o planeta ainda é de provas e expiações. A maldade, o egoísmo, a ambição e a arrogância são majoritárias, os prazeres da matéria são ainda o maior objetivo, como um troféu a ser conquistado a qualquer preço. Digo isso porque, depois de resgatado, você viveu nesta colônia bendita muitos anos, aspirando às atmosferas do bem e do bom progresso espiritual. É aí que rogo para ligar-se a Jesus, o Governador deste pequeno planeta. Quando estiver com pensamentos confusos, lembre-se de Jesus. Ele falará ao seu íntimo. Rogue perdão aos que erram, socorro aos que sofrem, agasalho aos que tremem na vastidão da noite, consolação aos que gemem, desanimados, e luz aos que jazem nas trevas. Não hesite! Ouça a petição e faça algo! Sorria aos que o ofenderem; abençoe os que o ferirem; divida a merenda com os irmãos necessitados; entregue um minuto de conforto ao doente; ofereça um alimento saudável aos que oram sozinhos, sob ruínas e pontes abandonadas; estenda um lençol macio aos que esperam a morte sem o aconchego do lar; auxilie mães fatigadas que se afligem aos pés dos filhos famintos; improvise a felicidade de uma criança, porque isso o livrará de muitos obstáculos no campo íntimo das amarguras que verterá nos infortúnios da sua vida. Mesmo crescendo na abundância, um dia ela o deixará e, assim, terá o alimento de consolo quando as asperezas da vida lhe visitarem a casa, a profissão, o cargo e a riqueza perecível. Lembre-se de que fizemos, com o seu assentimento, o mapa de ajustes em sua na caminhada, e isso que citei você verá no outro, verá no irmão miserável que lhe pedirá auxílio. Embora hoje reconheça o amor de Deus, que equilibra e harmoniza a vida, terá oportunidade de colocar em prática as lições de solidariedade que aqui aprendeu.

"Cada ato, palavra e pensamento que romper com essa harmonia certamente implicará um processo de reajuste por meio de árduas provas e dor, mas também de renovação com misericórdia, brandura e justiça. Meu querido, ao longo de sua jornada irá deparar com obstáculos e dificuldades para ascender na evolução que almeja e na redenção a que aspira. E como a Terra é um planeta de mediana evolução, é normal que isso aconteça. Lembre-se das belas reuniões com nossos benfeitores em momentos de grande meditação e alerta.

Só alcançaremos bons resultados na reencarnação a que nos programamos se fixarmos nosso pensamento e ação na conduta que nos liga à estrada do bem. Alcançaremos sempre os resultados a que nos propomos. Veja bem, meu amado: nem todas as aves que planam no céu planam no mesmo nível. A andorinha voa em direção ao clima primaveril, mas o corvo, de modo geral, se consagra, em qualquer tempo, aos detritos do chão. O ser humano, no entanto, possui escolhas e, dependendo de suas tendências e força de vontade, pode optar entre ser andorinha ou corvo. As escolhas, quando mergulhamos na matéria, se sucederão no nosso porvir. Compete a nós resolver que caminho seguir; contudo, barreiras existirão. Sabemos que a caminhada, mesmo coroada de flores de amor provindas dos altiplanos, também terá espinhos que servirão de pequenos lembretes das nossas imperfeições. Mas sabemos também que as leis universais sempre nos auxiliarão em nossos reajustes, em nossas reparações.

Ore, meu amado filho. A prece é um ímã poderoso do qual se desprende o fluido espiritual, que não só pode aliviar e curar, como também descerra ao espírito horizontes sem fim, dando oportunidade de se aproximar da fonte divina, de onde emanam todas as coisas. Por isso, meu filho, ore ininterruptamente na alegria e na tristeza, sempre que se sentir na presença de Deus, e Ele sempre estará contigo, em qualquer situação. Creia em Seu amor infinito e na Sua eterna presença."

Richard a ouvia com muita atenção e assimilava seus nobres conceitos:

— Sim, mamãe, tudo a que me propus e planejei está em minha rota nesta passagem, e a oração será meu guia permanente. Espero do fundo do coração que eu possa sair dessa encarnação livre de tudo o que nas anteriores vivenciei, em que só tristeza e dissabores cultivei. Quando a vida me presentear com árduas provas, contarei com o meu amigo Geraldo, com quem por certo manterei contato. Estou certo: vencerei, porque me instruí nos valores sólidos, e eles serão meu guia nos atritos que terei pela

frente na transição pelo mundo das formas. Espero que tudo aquilo para o qual me tornei apto nesta colônia abençoada, neste quase um século, me sirva de lição e de embasamento ao mergulhar na carne a fim de rever e ressarcir meus enganos do passado que infelicitaram minha vida, e também a dos que amei e a dos que prejudiquei.

Parte II
Recordações
1
Visão de uma noite fria

Numa visão, Richard viu uma carruagem vencer a estrada de chão a toda a velocidade, numa noite fria e úmida de Londres. Dentro dela, ele segurava um pequeno ser que chorava, enrolado em uma manta. Aflito, viu-se colocar a cabeça na janela e gritar ao cocheiro:

— Vamos, Levy, coloque esses cavalos a correr. O tempo urge! — E, além das imagens, ouvia seus próprios pensamentos: "A recém-nascida deve estar com frio e com fome. Melanie deve saber o que fazer. Coitadinha, nem bem nasceu e já perdeu a mãe, que morreu no parto. Evelyn não me disse que esperava um filho meu. Imagine, logo meu... Depois de três anos de casamento ainda não tive um herdeiro. Evelyn não podia me esconder isso, afinal esta criança também me pertence. É minha filha tanto quando dela. Ah, por que ela não me falou? Eu teria dado outro rumo a essa situação..."

— Milorde, estou fazendo o que posso. O nevoeiro está denso e intenso, e os cavalos, embora corram, não podem sair da estrada. Calma, que logo chegaremos, estamos bem perto!

Richard revia aquilo em sua tela mental, nos mínimos detalhes, como se tudo estivesse passando no tempo presente, porém, sem os sentimentos negativos de ódio e vingança. A alma de Richard revia lances de sua vida passada. Naquele momento, as lembranças envolviam-no com surpresa, respeito e gratidão. E ele se rendia àquele afeto divino. As recordações não lhe davam trégua. Via na tela espiritual sua história malograda, mas sem aflição. Como uma advertência à nova tarefa na próxima encarnação, sua mãe o havia avisado que ele recordaria muito a trajetória passada. E a recordação continuava, sem trégua:

Chegando ao solar, o cocheiro desceu para abrir o primeiro portão, onde uma aldrava de bronze trancava e fechava as duas partes de ferro. Voltou ao coche, entrou no parque, seguiu mais adiante e parou à frente do solar erguido sobre uma enorme escadaria de mármore escorregadia pela umidade do sereno. Voltou à carruagem e disse:

— Milorde, é melhor eu descer com a criança para evitar que escorregue, já que bebeu um pouco demais.

Ao sinal da sineta, o mordomo atendeu.

— Fale com a criada do quarto de milady Melanie e faça-a chegar até aqui — ordenou Richard.

Melanie, que já descia acompanhada da criada, viu nos braços do marido um embrulho, que se mexeu e chorou. Olhou para ele com surpresa:

— Richard, quem é essa criança? Por Deus!

Sem deixá-lo responder, tomou-a nos braços com suavidade e pediu à camareira que buscasse as roupas do enxoval de seus filhos ainda não nascidos. Embora já estivesse casada havia cerca de quatro anos, com quarto de bebê pronto e enfeitado, a gravidez ainda não se materializara, o que afligia o casal. Assim, envolveu o recém-nascido em belas e confortáveis roupas. Olhou-o e falou maternalmente:

— Como é lindo, e está com muita fome. Vamos alimentá-lo, Geraldine. Prepare um leite imediatamente. E, olhando para o marido, falou:

— Mais tarde conversaremos. O bebê tem nome?

— Sim — respondeu ele —, vamos chamá-la de Charlotte por solicitação da mãe, que não existe mais. Faleceu após o parto.

— Então tratemos deste novo membro da família — dizendo isso, Melanie foi se refugiar com a criança em seu dormitório.

Enquanto a esposa saía com o bebê, Richard começou a se lembrar de quando conhecera a esposa. Antes de se casar, beirando os quarenta anos, convivera por algum tempo com uma jovem cantora lírica. Nessa época, achava que jamais iria se casar. No entanto, quando entrou num certo verão na casa de Jacob, um próspero e habilidoso ourives, e viu Melanie entrar pelos fundos da oficina, encantou-se imediatamente pela sua beleza e porte de rainha, sem afetação. Sem tomar conhecimento da presença dele, ela desapareceu pela mesma porta por que havia entrado, o que acendeu sua vaidade. A partir dali ele se tornou um assíduo comprador de joias desenhadas por Melanie e pelo pai e fazia de tudo para ser notado. E Melanie, com vinte e cinco anos, parecia não ter interesse em qualquer matrimônio. Apaixonado, pediu-a em casamento. Foi quando ela começou a notá-lo. Acabaram se casando, mas Richard nunca deixou de visitar a cantora, com quem chorava as mágoas por Melanie não conseguir engravidar.

Interrompendo os pensamentos do marido, depois de deixar o bebê com a camareira, Melanie falou, enfática:

— Então, milorde, estou aguardando o que tem para me dizer.

E então Richard lhe revelou sobre a existência de Evelyn.

— Mais tarde, quando tudo estiver calmo, voltaremos ao assunto. Por ora tenho de atender esta criança. Felizmente, Marie, a passadeira, amamenta a filha há pouco nascida. Amanhã de manhã vou chamá-la — disse Melanie, fria, sem qualquer dramatização.

Ao observar o seu "eu" do passado, as lembranças de Richard proliferavam. Lembrou-se da viagem à residência no campo, onde cultivava alfafa, pasto, sorgo, feno e milho. Seu laboratório havia conseguido fortalecer as sementes, e, sem que ninguém soubesse o motivo, sua lavoura e gado prosperavam. Comercializava com a corte e com os monarcas. Quando perguntado sobre o crescimento vertiginoso de sua produção, respondia que a terra era propícia, por isso as plantas vicejavam. Richard era um aventureiro na área da ciência e grande estudioso. Autodidata, ficava horas no laboratório experimentando, inventando e refazendo experiências, incansavelmente, absorvido em algo que poucos tinham conhecimento naquela época: a área científica.

Richard ia a Londres apenas para tratar de negócios, sob os olhares invejosos dos nobres que o viam progredir sem saber como ele conseguia, com a crise no campo, manter-se sempre à frente. Durante anos não convidou nenhum parente ou amigo mais próximo para visitá-los na casa de campo, deixando que a vida corresse seu curso. Fez o registro de Charlotte como filha legítima, e, nesse meio-tempo, para a alegria da família, Melanie engravidou. A gravidez foi serena, e o parto, tranquilo. Veio ao mundo uma menina saudável. Os criados, de muita confiança, nunca perguntaram sobre a outra criança, que era muito amada pelos pais.

Assim a família aumentou com a vinda de Elizabeth, apelidada de Lizzie. Passado algum tempo, Richard retornou, com a esposa e as filhas, à mansão que tinha em Londres. Melanie também estava feliz, pois tinha saudade dos familiares, com quem não se comunicava havia anos. Richard continuou seus negócios, que não paravam de se expandir. Agora negociava especiarias da Índia.

Melanie, entretida com a educação das crianças e com a administração da casa e dos empregados, mal tinha tempo para manter uma vida em sociedade. Não participava de festas com os nobres nem em casas de amigos. O máximo que fazia era ir a um concerto ou assistir a alguma peça teatral. Não queria esticar a noite com amigos, preferindo voltar ao lar. Com isso, Richard, acostumado à vida social, foi se aborrecendo e, sozinho, cumpria a solicitação dos convites. Chegava muitas vezes altas horas da noite e, frequentemente, embriagado. Teve a infelicidade de encontrar em um dos festejos uma jovem que perdera o pai fazia pouco tempo. Coube a ela administrar os bens, e o fazia com mão de ferro. Como seu pai deixara muitas dívidas em jogos, os negócios, no entanto, não iam bem.

2

Uma desventura chamada Meggy Taylor

E a lembrança continuava, como que para avisá-lo de suas atitudes erráticas. Quando a imagem de Meggy apareceu na tela da mente de Richard, ele lamentou a vida que tivera no passado: *"Meu Deus, me perdi quando conheci essa criatura falsa, venal, fria e calculista, que, ao lado de sua governanta Kate, me enganou, dizendo que me amava. Mas certamente valeu minha desdita. Meu Deus! Fui levado a agir tão covardemente por causa de minha insânia e ambição. Mas ainda bem que temos uma segunda chance de contornar e refazer caminhos. Espero que nessa nova oportunidade possa fazê-lo. Vou me empenhar em ser melhor, justo e fiel aos princípios da Doutrina Espírita consoladora e esclarecedora do Espiritismo, que aqui aprendi"*.

Além de Meggy, apareceu mais tarde em sua vida Christie Miller Beroly, uma cortesã a quem Richard manteve como concubina. Quando ela desencarnou, em razão de um tropeção acidental numa escada cujo tombo fez-lhe quebrar o pescoço, passou a obsediar o ex-amante por afinidade de vibrações. Ela havia sido realmente apaixonada pelo lorde e, embora não tivesse a frieza de Meggy, era faminta por dinheiro e posição social. Na matéria, ganhou os louros da vitória; na vida espiritual, afinou-se com as sombras.

Mas era a imagem de Meggy que bailava sob seus olhos. Richard reviu o dia em que tudo lhe foi destituído – brasão, títulos e herança. Acusado de tramar um complô para derrubar a monarquia, ministros e juízes lhe confiscaram tudo. O ardil para fazê-lo perder a confiança que os reis lhe depositavam fora tramado por Meggy. Ela forjou testemunhos falsos com um grupo de nobres que queria afastá-lo por causa de seu relacionamento íntimo com a monarquia. E conseguiu. O rei, temendo uma traição entre nobres e vassalos descontentes, chamou-o e confiscou-lhe todos os bens, aconselhando-o a nunca mais pôr os pés na corte sob pena de ser preso nas masmorras e ficar confinado para o resto da vida.

Enraivecido, tomou de seu coche e foi direto à casa de Meggy para pedir-lhe conta de tudo aquilo planejado em suas costas. Vendo a casa fechada, Richard deduziu que a mulher havia fugido com sua comitiva para Devon e se refugiado em uma de suas propriedades. Mais tarde, na vida espiritual, Richard viria a saber que ela armara uma cilada contra ele: contratara bandoleiros para eliminá-lo assim que se aproximasse de seu palácio.

A mente não lhe dava trégua em seu processo de descoberta. Ele se viu tomando o coche novamente e, enlouquecido de raiva, partindo para a mansão que era mantida por ele mesmo à ex-amante. Contudo, ao dobrar uma esquina a toda velocidade, já tarde da noite, foi flagrado pelos bandidos, que estreitavam a curva na dobra. Assustados, os cavalos tropeçaram e rolaram junto com o coche, jogando Richard à frente. Os cavalos passaram por cima de seu corpo, matando-o na hora. E foi assim que lorde Richard William Stuart perdeu a vida numa armadilha encomendada por Meggy e seus cúmplices. Morto o corpo, mas vivo o espírito. E então as lembranças foram encerradas abruptamente.

Richard encaminhou-se em direção à colônia a passos lentos, mas decidido. A encarnação já estava resolvida. Voltaria ao planeta Terra, agora em terras brasileiras. Estava esperançoso e determinado. Venceria porque tinha um companheiro que o guiaria em sua passagem: Jesus, por meio do Espiritismo. Contudo, estava intrigado porque não se recordava de Christie. Quando fora resgatado, sua mãe lhe contara sobre ela e explicara que, amigos e benfeitores velavam por ela, que também teria a libertação do mundo escuro onde ainda vivia.

Chegando ao interior da colônia, Richard dirigiu-se ao Departamento de Reencarnação. Acionou a campainha e foi logo atendido por uma jovem alegre:

— *Hoje não tivemos muitos atendimentos. Gostaria de rever seus arquivos ou deseja uma consulta com os irmãos responsáveis pela reencarnação?*

— *Não* — respondeu Richard —, *estou em via de nascer de novo e me preparando para um novo mergulho na carne. Estou relembrando naturalmente do antigo nascimento, como de praxe; entretanto, houve um corte, como num filme, e nada mais pude ver. Por isso estou aqui para marcar uma regressão que me auxilie a retomar os acontecimentos há muito esquecidos. Há uma personagem que foi presente em minha encarnação e depois nas minhas andanças pelas sombras, mas não consigo relembrar como isso aconteceu. Acho que ela fará parte desta nova vida. Então pen-*

so: o esquecimento do passado, embora bênção divina quando encarnamos, pode também nos levar por caminhos agrestes. Temo voltar a cair nos mesmos trilhos da vergonha. Quero enfrentar a dura realidade para resgatar os débitos que assumi em minha existência desperdiçada. Desejo superar os desafios na próxima encarnação. Sei que não sou vítima. Estou mais para algoz por causa dos prejuízos que causei aos outros.

— Ah, sim, compreendo. Muitos vêm aqui para relembrar algo truncado no inconsciente como forma de se fortalecer para um futuro empreendimento no campo da matéria. Vou marcar uma consulta com o instrutor Geraldo, que lhe responderá todas as dúvidas sobre a continuidade dessa passagem.

Agendaram então a entrevista: uma quinta-feira, às 6 horas da manhã. No dia e hora, William lá se encontrava, desejoso de resolver seus questionamentos.

3

Melanie recorda sua fuga à Escócia

O departamento estava com as portas abertas às consultas. A jovem Glauce, atrás do balcão, atendia os pacientes que iriam reencarnar e precisavam de informações, tal como Richard.

Surgiu o instrutor Geraldo com a fisionomia alegre, simpática e tranquila, cumprimentando a todos. Ele estava acompanhado de seu assistente Ramão. Dirigindo-se a Richard, disse:

— *Bom dia, meu discípulo. Ainda com muita curiosidade em relação ao passado? Não deveria, pois o presente necessita de muita superação. A noite escura de nossa existência passada deve ficar isolada para que a outra experiência seja desenvolvida com mais disposição e liberdade.*

Sem esperar a resposta de Richard, o instrutor colocou o braço sobre seu ombro e o encaminhou à saleta de atendimento a lembranças. Chegando lá, uma descontraída Melanie logo foi ao encontro dos dois, cumprimentando-os com afeto e alegria. O instrutor esclareceu as dúvidas de Richard, surpreso com aquela presença inusitada:

— *Richard, a Melanie queria que você soubesse o que aconteceu com sua família após aquela cilada. Concordei, porque outras lembranças serão revistas na próxima encarnação, quando você deparar com os adversários em penúria. Como está programado, a ambição desmedida só é curada com miséria e infortúnio. O objetivo da vida em qualquer instância é evoluir, o que significa ascender à plenitude. Nesta experiência reencarnatória você terá uma sensibilidade bem pronunciada para servir à causa do Espiritismo, revendo conceitos de outra encarnação. Mas a recordação a que você irá assistir agora pertence à sua companheira.*

Richard meneou a cabeça em sinal de concordância. Ao lado da companheira, dirigiu-se aos lugares determinados para assistir à tela magnética à sua frente.

— *Richard apenas vai rever as lembranças porque não as detém em sua consciência. Melanie é quem as recordará. Deixo-os agora com Ramão, que os acompanhará* — explicou o instrutor, saindo do local.

A tela, após a concentração de Melanie, encheu-se de imagens inicialmente noturnas: era madrugada quando alguém bateu na aldrava da porta com insistência e certo nervosismo. Um dos criados da casa, ainda vestido de roupa de dormir, acorreu para ver quem era.

– Quem é a esta hora? Todos dormem. É uma insensatez bater com essa insistência. Não atenderemos. Volte outra hora.

– Não faça isso, criado, sou Peter, primo de milady, e tenho notícias graves a relatar sobre seu esposo.

Mediante aquela insistência, Jacke abriu a porta. Melanie, ao ser chamada pela camareira Mary, correu para falar com o visitante.

– Perdoe-me, Melanie, mas o assunto que me traz aqui a esta hora é muito grave.

– Fale sem rodeios, Peter.

– Hoje, no palácio dos soberanos, foi um dia muito tenso envolvendo seu marido, acusado por um grupo de políticos e nobres de planejar um golpe e trair os soberanos para colocar o primeiro-ministro. Falsas testemunhas contaram aos reis sobre o complô, e então Richard foi levado aos juízes, que o julgaram. Destituíram-no dos títulos, retiraram seu brasão de nobreza e todos os seus bens. Sua família ficou sem nada. Escorraçaram-no da Inglaterra, e, se por acaso vocês todos forem encontrados, morrerão. Nas masmorras...

– Meu Deus, o que é que você está me dizendo? E para onde eu vou a esta hora da noite com duas crianças? Onde está William?

– Mais um notícia triste, minha prima. Ele foi atacado por bandoleiros a mando dos caluniadores, que o assassinaram quando se dirigia para cá, numa tocaia muito bem armada. Então, agora, chame seu cocheiro de confiança, faça-o pegar a carruagem grande de viagem, coloque nela muitos abrigos, cobertas e roupas das estações. Pensei que você pudesse ir à Escócia e ficar por lá, de preferência no campo, longe da cidade. Levy, o cocheiro, poderá dar conta dessa viagem. Faça uma boa mala para a família, se possível leve consigo a governanta, que sei que é de confiança. Arrume as crianças e fuja o quanto antes. Na escuridão não virão aqui. Pegue todo o dinheiro que tem em casa e coisas preciosas que poderá vender. Não chame ninguém, a não ser essas pessoas que indiquei, porque há traidores por toda parte.

Melanie pediu a Mary que acordasse a governanta e, rapidamente, contou às duas toda a verdade. Ambas se prontificaram a ir com ela, que sempre fora generosa com os empregados. Enquanto isso, Peter explicava a Levy para que levasse as mulheres e as crianças para longe de Londres, até que tudo ficasse mais claro e a mentira fosse descoberta. Levy prontamente ajeitou tudo e em pouco tempo estavam na estrada.

Depois de muito galopar, os cavalos ficaram exaustos. Pararam em uma estalagem, bem distante de Londres. O dia amanhecia.

Levy, homem alto e vigoroso, estava acostumado às agruras da vida. Bateu na janelinha da carruagem e perguntou como estavam todos.

Melanie respondeu:

— Ah, meu velho amigo, estamos desmanchadas pelos solavancos. E as meninas estão assustadas porque observaram que não era a estrada para a casa de campo. De resto, está tudo bem.

— Senhora, paramos numa casa que fornece alimento e hospedagem. Acontece que não podemos viajar com esses cavalos, que estão muito cansados. Não vão aguentar muito chão que vem por aí. Temos de trocá-los para seguir em frente. A família tem que se alimentar e descansar. Mas saiba que estamos fora de perigo. Podemos viajar sem temor. Milady, trouxe libras para as despesas? Não pode ser pouco. Temos de trocar os cavalos e dar um jeito nas rodas, que estão gastas. Posso pechinchar, mas sem dinheiro não podemos negociar.

— Entendo, Levy. Pode comprar os cavalos e ajeitar a carruagem. Também vamos descer para descansar um pouco. As meninas estão muito nervosas e exaustas.

— Milady, ao entrar, diga que são uma família, para não levantar suspeitas. Tratem de se alimentar. Desculpe se ajo assim.

— Percebo, com certeza. Assim faremos. Recomendarei às minhas filhas para não dizerem nada. Faça o que tiver de fazer. Eu trouxe muito dinheiro. Esvaziei o cofre da minha suíte porque Peter me disse que a viagem seria muito extensa e que teríamos de residir em algum lugar longe da Inglaterra por enquanto.

E assim foi feito. Elas desceram da carruagem e entraram na estalagem, enquanto Levy conversava com os donos da casa. Uma mulher com roupas um pouco sujas e com cara de poucos amigos se apresentou:

— Estão de passagem? Que desejam? Não temos muita coisa. Podemos oferecer pão assado, queijo e café com leite. Nada mais.

— Muito bem — falou Melanie —, isso serve. Queríamos descansar, pois viemos de longe. Perdemos um parente e vamos visitar a família.

— Só lá em cima — disse a mulher —, mas as escadas não estão boas; tem que ser uma de cada vez. Querem mesmo assim?

— Sem problemas — respondeu Melanie —, a senhora faria a gentileza de levar lá em cima o que vamos comer?

A mulher, com muita má vontade, respondeu agressivamente:

— Aqui não somos criados. Somos donos. Alguém tem que vir me ajudar para levar o que pedem.

E então Geraldine e Mary, prestativas, disseram que a ajudariam.

— Ah, vocês são criadas?

Melanie apressou-se em responder:

— Não, minha senhora, somos todos parentes.

— Hummm, mas não está parecendo. Por que você também não vem?

— Porque as meninas precisam de alguém para ficar com elas, apenas isso.

— Está bem, vou preparar o café e volto a chamar vocês.

As viajantes subiram as escadas malcuidadas. Deram com um cômodo malcheiroso, sem higiene, onde havia três camas e travesseiros sujos. As crianças, acostumadas a suas camas perfumadas e limpas, iam reclamar quando Melanie levantou o dedo em riste:

— Nenhuma palavra, ouviram? Estamos em casa alheia, e a dona não tem bom humor.

As crianças, assustadas, silenciaram-se. Em seguida, olhando para as companheiras de viagem, Melanie disse:

— Desçam, Mary e Geraldine, mas cuidado para não falarem nada; apenas obedeçam.

Após um tempo, chegaram as criadas com café, pão e queijo. Todas se alimentaram e descansaram por algumas horas. Levy, que ficou no andar de baixo, também comeu e descansou.

4

Volta para a estrada

Quando estavam se preparando para se retirar, Geraldine perguntou:

— Milady, não vamos orar para agradecer e pedir proteção a Jesus?

— Sim, claro. Vamos dar as mãos e agradecer.

Geraldine orou fervorosamente pedindo a proteção para todos na viagem. Em seguida, Levy avisou-as de que era hora de partir. O entardecer se avizinhava, o que facilitaria à carruagem andar pelas estradas sem serem abordados ou reconhecidos. Melanie entregou o dinheiro a Levy para que pagasse o conserto das rodas, as trocas dos cavalos e a estadia na estalagem. Depois de ouvir Levy, que reclamou do preço, o dono da estalagem, astuto, bocejou, como se estivesse enfadonho:

— Sigam viagem. Para mim vocês estão fugindo de alguma coisa e estão pagando para eu manter a boca fechada.

Levy então acomodou todos na carruagem e partiu sem olhar para trás.

A viagem foi difícil. Chovia muito, e poças d'água dificultavam a passagem dos cavalos, que patinavam no lodaçal do caminho. Contudo seguiram em frente. As crianças não paravam de chorar e chamar pelo pai. Estavam cansadas, com fome e com o corpo dolorido das sacudidas da carruagem pelas estradas de terra esburacadas.

— Quando chegar ao nosso destino tudo vai melhorar. Eu terei uma conversa com vocês. Não confiam em sua mãe?

E o assunto ficou por ali.

A diligência percorreu muitos quilômetros, cheios de obstáculos, sob a chuva que não dava trégua. Teve um momento em que tiveram de parar porque os cavalos estavam exaustos, todos fatigados ao extremo. A madrugada ia longe. Via-se a maioria das casas às escuras. Ao parar, Levy bateu em uma delas e logo foi atendido.

— Desculpe a hora, mas meus passageiros estão exaustos. Gostaria de saber se por aqui há alguma estalagem para pernoitarmos.

Respondeu um senhor que abriu a porta:

— Sinto muito, não há hospedaria por perto, mas podem ficar perto de nossa casa até o dia clarear. Solte os cavalos e deixe-os em nossa estrebaria para que se alimentem de feno e descansem.

Agradecido, Levy levou as novidades para a condessa, que ficou muito agradecida.

— Milady, estamos quase chegando. Vamos tomar o caminho rural. Já estamos em terras da Escócia. Por sorte tenho por aqui parente que nos alojará até encontramos uma casa. Graças a Deus estamos protegidos. As coisas estão indo bem. Jesus nos protege.

— Sim, Levy, ainda estamos vivos com a graça de Deus. E você? Onde vai se abrigar? Ainda chove, e aqui dentro da carruagem não há lugar.

— Não se preocupe comigo. Onde dormem os cavalos, lá também ficarei.

— Mas você está ensopado! Leve este cobertor pelo menos.

— Mas não vai fazer falta para vocês?

— Não, Levy. Estamos bem agasalhadas, agora vá, que vamos tentar dormir um pouco também.

Exatamente neste ponto das recordações de Melanie, voltou ao Departamento de Reencarnação o instrutor Geraldo. Ele perguntou a Ramão como estava se desenvolvendo a regressão e se Melanie não estaria esgotada pelo tempo gasto de energia, recordando lembranças de tanto tempo.

O assistente, gentil e paciente, contou que tudo seguia tranquilo até aquele momento.

— *Muito bem* — disse Geraldo —, *mas quem está passando por esse processo não consegue determinar o que pode acontecer nessas sessões.*

— *Verdade, mas fique tranquilo. Eu não faria nada que viesse a acarretar traumas para nossa irmã. Ela está bem e podemos progredir. O amigo fica?*

— *Só por alguns instantes. Serviços, como sempre, preenchem minhas horas* — sorriu Geraldo, que completou: — *Melanie não vê, mas nós temos uma visão mais apurada. Olhe, eles estavam bem acompanhadas por um grupo de amigos espirituais iluminados, dando-lhes proteção.*

— *Sim, há muito já tinha observado; esses espíritos têm merecimento pelo cuidado para com todos. Fiquei muito impressionado.*

Enquanto faziam ilações sobre o que viam além das imagens da tela, chegou Alfredo, o espírito que no passado fora muito amigo de Richard. E ele foi logo cumprimentado à meia-voz pelos espíritos assistentes:

— *Assista e sinta.*

Todos sintonizaram com os sentidos aguçados para a tela, que mostrava a carruagem parada em frente à casa. Pela altura do Sol, percebia-se que eram oito da manhã. Via-se a fumaça que saía da casa fazendo desenhos. O aroma do pão assado e do café coado acordou os passageiros com fome.

Voltando à parte reservada à regressão, Geraldo perguntou:

— *Tiveram alguma outra sensação?*

— *Sim!* — respondeu Alfredo. — *Tive saudade do café da minha mãe; ela fazia com todo o amor. Era coado que nem esse...*

— *E eu sinto falta do pão assado que minha mãe fazia...* — falou Ramão. — *Ah, como era bom. Aqui damos mais valor à família e aos laços que lá nos uniam.*

O benfeitor Geraldo olhou para eles com afeto e generosidade, abraçando-os fraternalmente. E arrematou:

— *Sim, é verdade.* — E sorriu se despedindo porque serviços urgentes o esperavam.

E na tela:

A porta da casa se abriu e de lá saíram três mulheres com bandejas que traziam um bule, pão assado, bolo e outra iguarias sobre toalhas muito limpas. Melanie foi a primeira a abrir a porta da carruagem, envergonhada.

— Ora, senhoras, não precisavam se incomodar, pois aqui não é um alojamento nem uma casa de hospedagem. Porém agradecemos, pois de fato estamos com fome.

— Não fiquem constrangidas, nestes tempos de guerra e privações[7] conhecemos muito bem as necessidades. Trouxemos o café para que possam se servir à vontade — dizendo isso, se retiraram, alegres por fazer o bem.

---

7. Esta história se passa no final do século 18.

Após o desjejum, Melanie pediu a Levy que perguntasse o que lhes deviam pela parada e alimentação.

Levy deu o recado ao dono da casa, mas o homem recusou:

— Cavalheiro, vocês não nos devem nada. Nestes tempos de dificuldades temos de nos ajudar uns aos outros. Faça o mesmo quando alguém lhe solicitar. Tenham todos boa viagem, e que Deus os acompanhe.

Eram quase nove da manhã quando partiram. Seguiram bem alimentados, mas com o coração fragilizado. Estavam na Escócia, em direção ao campo. Levy era o mais descontraído de todos, pois agora conhecia o caminho e iria se encontrar com parentes. Acreditava que as coisas tomariam um rumo certo.

Rodaram ainda em estradas enlameadas. Depois de um logo tempo de viagem, Levy deu água aos cavalos em uma sanga à beira da estrada, e então tornaram a partir. A primavera chegava ao fim, bem como seus dias longos. No entardecer, quando a noite se avizinhava, começou a observar os campos cultivados. Os gados, as ovelhas e os carneiros apareciam nos dois lados da estrada. A zona rural estava à sua frente. Por mais um tempo rodou por ali, até dar com a casa de seu primo, que trabalhava arrumando as cercas.

Levy estacou a carruagem, puxando as rédeas dos cavalos, e saltou.

— Boa noite, primo Anderson. Com dificuldade com as cercas?

O homem, assim que reconheceu Levy, caminhou em sua direção, e os dois abraçaram-se efusivamente. Até que Levy pediu para lhe falar em particular.

As passageiras estavam cansadas e sonolentas; as meninas, assustadas e chorosas. O ambiente na carruagem não era dos melhores. Melanie, para incentivá-las, argumentou que finalmente haviam chegado ao destino. O escocês de barba vermelha e pele grossa concordou em hospedá-las. Estava viúvo havia pouco tempo, e a casa não estava muito bem cuidada. Mas, por ora, serviria às pessoas que Levy trouxera. Emocionado com os acontecimentos relatados pelo primo e impressionado com as meninas muito pálidas e magrinhas, de olhos inchados de chorar, colocou-se à disposição de todos.

Ao entrarem na casa, foram logo encaminhadas a uma grande sala, muito comum em casas de campo. Levy e Anderson trataram de retirar as malas de dentro do coche, depositando-as nos quartos. Por sorte havia um bom e espaçoso, onde Melanie e as meninas poderiam dormir. Em outro compartimento se acomodariam Mary e Geraldine; Levy ficaria com o primo.

5

O primeiro dia na casa de Anderson

No outro dia Levy e seu primo tomaram de uma carroça e foram ao comércio da província mais próxima, não sem antes deixar o desjejum às hóspedes.

Ao chegarem à sala espaçosa, conjugada à cozinha, elas viram uma mesa posta com muitas iguarias: chá, café, leite, bolo, salsichas, bacon defumado, torradas e manteiga.

Tudo estava arrumado para o desjejum. Havia ainda um bilhete do dono da casa.

— Mamãe — falou Elizabeth com o nariz empinado —, nós vamos ficar aqui nesta casa feia até quando? Eu não gostei de nada do que está na mesa. Não é como a nossa casa. A senhora quer nos explicar o que está acontecendo?

— Ah — exclamou Melanie —, relutei tanto em dar essas explicações, mas chegou a hora dos esclarecimentos. Foi bom você me lembrar. Vamos aproveitar a ausência do dono da casa para as explicações.

Geraldine e Mary, pálidas, suavam frio porque sabiam de tudo.

Enquanto Charlotte, menos voluntariosa do que a irmã, prestava atenção na mãe, a outra, com um olhar de descontentamento, pedia explicações.

Assim Melanie contou tudo o que sabia. Disse que o pai havia sido morto numa cilada e por algum tempo deveriam se esconder na Escócia. Como o país pertencia ao Reino Unido, poderiam estar sendo procuradas. Contou que pegara todas as libras disponíveis do cofre da casa e também joias e alguns objetos de valor, caso tivessem de vendê-los para sobreviver. Tudo o mais havia sido confiscado pelos soberanos em nome da lei.

Elizabeth não acreditava. Achava impossível que o pai tivesse sido assassinado, pois não tinha inimigos e, além do mais, era muito próximo do soberano.

Charlotte, mais equilibrada, argumentou:

— Se não fosse verdade, mamãe não iria sair de madrugada desabaladamente e nos fazer viajar por tanto tempo. Seja inteligente, Lizzie. Se não fosse por ela, quem sabe já não estaríamos numa masmorra...

Após as argumentações sensatas da filha mais velha, todos ficaram em silêncio. Melanie, muito triste, mas fazendo-se de forte, disse:

— Sem reclamações, por favor, e agora vamos ao desjejum.

Sentaram-se à mesa. O aroma estava agradável. Antes de comer, fizeram uma oração de agradecimento. O dia estava convidativo. Pelas janelas viam-se as árvores frondosas e, ao longe, alguns animais. Um cheiro de terra úmida misturava-se ao conforto de uma casa campesina. A fachada era de madeira grossa, e as laterais haviam sido construídas com pedras muito comuns na região oeste da Escócia.

Ao terminarem de comer, sentaram-se na sala conjugada à cozinha. Mary e Geraldine lavaram as louças e atiçaram a lenha no fogão.

Melanie, muito aflita, olhou para as filhas:

— Minhas queridas, me escutem com atenção: aqui não há patrão, nem condessa, nem milady. Porém, eu não sei fazer serviços domésticos. Sou praticamente uma inútil no que diz respeito às tarefas da cozinha e da casa porque sempre tive quem fizesse as coisas para mim. Terei de aprender desde o começo. Não poderei ficar sentada, sendo servida. E vocês, meninas, também terão de aprender. Estamos todas na mesma situação.

Mary foi a primeira a se manifestar:

— Não, senhora, queremos servi-la como fazíamos lá no castelo. Seremos sempre suas criadas.

Também Geraldine tomou a palavra e concordou com o que a amiga havia dito.

— Ah, minhas queridas, como são ingênuas... Daqui para a frente temos um futuro incerto. Acabou a linhagem fidalga. Fomos desprovidas de tudo, até do brasão do meu marido. Hoje somos do povo, como qualquer um.

Quando Elizabeth ouviu aquelas palavras, deu um grito e correu para o quarto aos prantos. Melanie falou baixinho:

— Deixem-na. Ela precisa aceitar essa verdade. Agora estamos por nós. Não sei até quando esses companheiros nos darão guarida, porque eles não têm obrigação alguma conosco. Quero aprender a cozinhar, lavar roupas, passar, arrumar a casa e acender o fogão. Vocês irão me ensinar a fazer tudo.

Nesse meio-tempo, chegaram os homens com a carroça cheia de gêneros e uma roca[8]. Os dois traziam na fisionomia a alegria de poder ajudar.

---

8. Roca: haste de madeira ou cana com bojo na extremidade, na qual se enrola a rama de lãs para ser fiada.

As mulheres, quando viram a carroça cheia de coisas, correram para ajudá-los a descarregar. Via-se que eles estavam cansados. A província era um pouco distante da zona rural, e aquela quantidade de sacos e utensílios deveria pesar muito. Na zona rural, naqueles tempos, todos se ajudavam, homens e mulheres, porque o serviço era estafante, e a vida, muito difícil. Melanie acompanhou Mary e Geraldine. Ela queria se integrar à vida do campo, e aquela tarefa com certeza era uma das que precisava aprender. Os homens colocaram sacos nas costas, um em cada ombro, e deram os mais leves às mulheres. Levy olhou a condessa com comiseração. Para não magoá-la, deu-lhe algo bem frágil para participar. Ela olhou para ele agradecida pela gentileza.

Após descarregar a carroça, os homens voltaram para conversar. Anderson, o dono da casa, indagou:

— Já se alimentaram? Não costumamos fazer os horários das grandes cidades. Almoçamos e jantamos a qualquer momento, sem horário preestabelecido como em Londres.

Foi Melanie quem respondeu:

— Já tomamos a primeira refeição do dia, e ela foi tão farta que não sentimos fome até agora, mas, com essa conversa, até ficamos com vontade de comer alguma coisa, não é, amigas?

E aí todos riram.

Então ele disse:

— Vou oferecer purê de batatas, miúdo de carneiro assado ao forno e tomates grelhados. Tenho certeza de que vão gostar, com um bom suco de groselha. Venha, Levy, deixemos as senhoras descansarem.

Os homens arrumaram a mesa da melhor forma que podiam e chamaram todos para o jantar. Geraldine e Mary foram logo tentando servir Melanie e Charlotte, mas a antiga milady protestou:

— Não, amigas, já disse que todos nós estamos por conta. Eu própria me sirvo e as minhas filhas também. Cada uma faz sua parte.

Levy, acostumado com a antiga vida dos patrões, também ficou intimidado. Mas Melanie enfatizou que, a partir daquele momento, todos iriam fazer as mesmas coisas.

— Aqui não há senhor nem criados – explicou. – Temos de agradecer por Anderson nos receber com tanta gentileza, o que, com certeza não encontraríamos entre a nobreza de Londres. Peço ao dono da casa que comece a se servir, depois Levy e a seguir nós nos serviremos.

Nesse instante Anderson, dando falta da outra menina, interrogou:

— E a outra, senhora? Não vem para a mesa? Deve estar também com fome.

Ao que Melanie respondeu:

— Lizzie é muito frágil e está muito cansada. Mary, que tem muito jeito com minha filha, pode levar alguma coisa a ela, se não se importar.

— Aqui em casa, dona, tudo é permitido. Não temos essa coisa de nobreza, cheia de regras.

— O senhor Anderson nos permite orar em agradecimento a Deus pela nossa comida?

— Sim. Sou presbiteriano, embora não frequente muito a igreja. Minha esposa é que era assídua e participava da assistência aos pobres, confeccionando roupas para o inverno.

Nesse instante via-se na tela de rememoração muitos espíritos familiares fazendo junto a prece a Deus, no invisível, e a harmonia tomava conta daquela casa humilde, de corações solidários e honestos.

A noite terminou com todos recolhendo a louça, tirando a mesa, deixando tudo limpo e guardado. E foram à sala para conversar sobre o que fariam dali em frente.

6

A vida no campo

Levy foi o primeiro a se pronunciar:

— Nesses primeiros meses teremos de ter muita cautela, afinal a Escócia pertence ao Reino Unido. É bom que todos tenham muito cuidado, de preferência não devemos sair de casa durante alguns meses. Lorde morreu, mas podem estar procurando a família, pois parente de traidor é considerado traidor.

— Sabemos que Richard era incapaz de uma barbaridade como essa. Ele era fiel aos soberanos — reclamou Melanie. — O que leva pessoas gananciosas e invejosas a tal cometimento? Pessoas assim não têm caráter nem moral.

— Eu sei, senhora — concordou Levy —, mas eles não sabem; e na corte qualquer desconfiança já é motivo de traição.

— Bem, este assunto já está resolvido. Todos ficam aqui na minha casa. Estou só e vou me sentir muito feliz com essa convivência — falou Anderson. — As senhoras precisam mudar as roupas finas e de tecidos nobres para as de tecido de algodão e lãs, assim não despertarão curiosidade nas pessoas. Trouxemos roupas rústicas semelhantes às que as mulheres daqui usam, além de sapatos e botas. E alguns lenços. Neste momento todo cuidado é pouco. Aqui deitamos cedo porque levantamos cedo também.

E assim todos se recolheram. O grupo de Londres ainda estava cansado e aturdido. Melanie e as antigas criadas estavam receosas porque Lizzie dormia um sono agitado. Parecia que não queria acordar e de vez em quando chamava pelo pai. A noite não foi das melhores. Melanie era a que mais se preocupava com todos. Sabia que dinheiro não seria problema no momento, mas, na visão da corte, a fuga os tornava cúmplices de Richard. Com certeza todos os achavam traidores. Quem os encontrasse teria as benesses dos soberanos.

A noite foi longa. Melanie quase não dormiu, preocupada com Lizzie, que parecia fraca e muito magra. No dia seguinte, ao ouvir barulhos na cozinha — de suas ex-criadas, agora amigas —, arrumou-se com as vestimentas rústicas e foi para junto delas e dos homens que preparavam a refeição matinal.

Cumprimentou a todos, forçando bom humor. Todos também a cumprimentaram.

O cheiro de pão assado e de outras iguarias feitas na hora aguçava a vontade de comer, mas não em Melanie, que se esforçava a se integrar.

— Então, senhora, como foi sua noite? — perguntou Anderson.

— Foi boa, meu amigo, e eu não me canso de agradecer sua hospitalidade.

— Dona, vocês me fizeram um favor. Minha vida de solitário era muito chata. Agora, com vocês, tenho estímulo para trabalhar. Fico alegre e farei tudo o que puder para deixá-las à vontade e bem servidas — e continuou: — Que bom que ainda deu para fazer panquecas de batatas... Vocês vão gostar! É uma das especialidades da minha cozinha, e a torrada não poderia faltar, junto com o bacon e a manteiga caseira feita aqui mesmo.

— Estou encantada — confessou Mary. — Esta terra lembra muito quando eu morava com minha avó. Em nossa casa havia pomares e hortaliças, que vendíamos em carroças. Depois que vovó morreu, tive de me virar.

Geraldine também falou de si. Contou que não tivera a mesma sorte que a amiga, pois vivera num cortiço com a mãe, que ganhava a vida prostituindo-se. Pequena, já havia percebido tudo aquilo e fez uma promessa a si mesma de nunca ter homem algum. Fugiu de casa aos dez anos, até que lhe chamou a atenção uma casa cinza escura, com duas janelas grandes e uma porta talhada com arabesco. Ao redor, muitas árvores. A casa era protegida por um muro de ferro ornamentado por lindos desenhos. Faminta, bateu na porta, e uma senhora muito elegante atendeu. Olhou-a com muita educação.

— Em que posso ajudá-la? — perguntou.

Geraldine vestia roupas sujas e teve medo de ser escorraçada.

— Minha senhora, estou com fome, mas não quero comida de graça. Se tiver algum serviço em que eu possa ser útil, o farei pelo que a senhora me oferecer — respondeu.

Neste momento, na tela mental de Melanie apareceram, no invisível, dois espíritos que acompanhavam a menina. Ramão olhou para Alfredo e o inquiriu:

— *Você está vendo o que eu estou vendo?*

— *Sim* — respondeu o outro —, *tão claro como a luz do dia.*

Entretanto Melanie e Richard apenas viam a cena do mundo material.

— *Devem ser entidades ligadas à menina, que deve ser um espírito esclarecido em boa companhia e de boas vibrações* — explicou Ramão. — *Como vê, Alfredo, a providência não desampara ninguém, mas dá guardiões.*

— *Verdade, amigo, ative sua visão mais sensível: a senhora também está em boa companhia, que inclusive cumprimenta os dois que trouxeram a garota.*

Voltando à tela, a senhora manda a então menina Geraldine entrar.

— Aqui não alimentamos ninguém em troca de serviço. Vamos até a cozinha, que minha auxiliar irá lhe servir um prato bem gostoso. Coma o quanto quiser. Depois conversaremos.

Geraldine estranhou a oferta, mas percebeu que aquela senhora tinha boas intenções. Outra mulher, empregada da casa, levou a menina para se banhar e lhe deu um vestido usado. Depois de se alimentar, Geraldine foi ter com a dona da casa, lady Emily, que acabou acolhendo-a por muito tempo. Geraldine trabalhou naquela casa até o dia em que a senhora desencarnou, quando então foi dispensada pelos filhos da lady. Logo depois, conseguiu trabalho na casa dos Stuart.

— E você, Levy, tem algo a dizer de sua vida? — perguntou Melanie.

— Não muito, fui casado, perdi minha esposa e fui para Londres arranjar emprego. Por sorte encontrei lorde Richard com a roda de seu coche quebrado. Como era muito tarde, ajudei-o, e ele me convidou a trabalhar de cocheiro. E agora estou numa nova caminhada, mas sempre a serviço da condessa.

Melanie olhou firme para ele:

— Já disse: estamos todos numa mesma posição.

Enquanto se alimentavam, a conversa fluía.

— E você, Anderson, conte-nos alguma coisa de sua vida por estas paragens.

— Bem, vejo que todos aqui, à exceção de Melanie, foram muito pobres, não? — e todos riram muito daquela observação. — Vim de uma família numerosa, trabalhava de sol a sol, e meu pai era muito severo. Ele estava sempre cansado e mal-humorado. Um dia arrumei uma trouxa e fugi. Comecei trabalhando por comida, dormia quase sempre ao relento, aos poucos as pessoas se acostumaram comigo e me deixavam dormir nos galpões junto com as galinhas. Fui juntando um troquinho daqui e dali, e quando me dei conta já dava para comprar uma terrinha. Como vocês veem, o meu começo não difere dos demais. Lutei muito. Os vizinhos me admiravam e sempre que podiam me ajudavam. Comprei um cavalo e depois outro, fui comprando mais terras e investindo. Um dia uns amigos me convidaram para uma festa na aldeia e me disseram que eu podia vender lá o que tinha. Havia muita comida, bebida, danças e moças bonitas. Mas eu, além de não saber dançar, tinha vergonha por ter uma perna mais curta que a outra. Fiquei ali observando, quando uma jovem de cabelos vermelhos ficou me olhando. Eu me aproximei para puxar conversa, e ela aceitou. A partir desse dia começamos a nos entender e nos casamos. Tilly era o nome dela. Uma mulher de valor. Ia para a horta junto comigo, tirava leite das vacas, recolhia os ovos, cuidava dos porcos, fazia doce para vender e até me ajudou a construir esta casa. O poço que cavamos lá no fundo da casa foi feito junto com ela, uma mulher de fibra.

Depois veio a peste, e ela morreu. E filhos, que desejávamos, não vieram. Uma história sem muita beleza. Nossa vida foi com muito trabalho.

Após o café da manhã, todos se dedicaram a algum afazer. Enquanto o dia escurecia, cada um ficou pensando na sua história.

Mais tarde, tomaram um lanche reforçado e em seguida foram para a sala degustar um chá caseiro. Todos sentiram que estavam entre amigos. O grupo de Londres ficou feliz por encontrar um lar cujo dono era generoso e simples.

7
A morte de Lizzie

Os primeiros dias foram de adaptação. Os colchões de palha, muito duros, velhos e úmidos, provocavam dores nas mulheres. Era preciso fazer alguma coisa. Melanie chamou seu antigo cocheiro e falou:

— Meu amigo, eu trouxe muito dinheiro comigo. Precisamos empregá-lo aqui, nesta casa abençoada que nos recebeu. Quero que você convença Anderson a trocar os colchões, mas com minhas economias. Quero também que compre sementes para aumentar o canteiro das hortaliças. Pense na venda de nossa carruagem por uma menor, que possa nos abrigar, caso precisemos sair. Talvez uma diligência, como essas que andam por aqui, levando e trazendo passageiros.

— Muito bem, senhora, concordo, e eu até já tinha pensado nisso. Podemos ir a uma província que tenha comércio e ver a possibilidade de comprar uma diligência bem modesta. E também vamos ver o que podemos fazer quanto aos colchões.

Os meses foram passando, e o verão chegou agradável, todavia não para os Stuart. Foi nessa estação que a pequena Lizzie morreu. Melanie sabia que um dia isso aconteceria, porque ela não reagia, não se alimentava. Só ficava deitada, sempre de olhos fechados. Todo o esforço da mãe era em vão. Num fim de semana, ao tentar acordá-la, Melanie percebeu que a menina estava gelada, e os olhos, sem vida. Entendeu que a filha não pertencia mais ao mundo da Terra. Fora de si, pois não aguentava mais o peso das emoções, gritou tresloucadamente, chorou muito, atirou-se às paredes, arrancou os cabelos e excomungou Deus.

Sentia como se fosse um castigo o que estava passando com as filhas. "Ter de sair às escondidas, tarde da noite, como um ladrão, sendo inocente de tudo, só pode ser castigo de Deus", pensava. "Por que, me diga por favor, por quê? Minha vida virou de cabeça para baixo! Não consigo entender o sentido de tudo isso."

Entretanto naquele momento não havia respostas, e seus amigos a abraçavam. Todos choravam juntos, inclusive Charlotte, a doce menina, conformada com a situação.

Na tela, as cores da dor de Melanie eram escuras. As vibrações, desiquilibradas. Contudo, na saleta, em frente à tela, ela deixava as lágrimas caírem junto com o marido, agora de forma equilibrada e sem rancor.

E o tempo passou. Foram anos de trabalho duro. Vinte anos após a morte de Lizzie, as coisas tinham se ajeitado. Mary casou-se com Anderson, e Charlotte tornou-se uma bela moça. Sempre que havia festa na comunidade, a jovem saía acompanhada do casal de amigos para se divertir. Eram considerados pessoas prósperas. Anderson aprendeu a ler com Geraldine e Mary, que conhecia um pouco as letras. Levy se transformou no negociante das terras de Anderson, que, depois de tornar-se pai, não quis mais sair de casa. Queria ajudar Mary a cuidar o tempo todo do garoto. Melanie se especializou em fazer cobertor, fiando na roca e tecendo no tear. Passava os dias ocupada com essa novidade que lhe dava alento.

Um dia chegou um rapaz na casa procurando por Melanie. Ela gelou. Pensou que havia sido descoberta após mais de vinte anos. O rapaz parecia tímido. Gaguejava alguma coisa que ela não conseguia entender. Nesse momento entrou Charlotte, que disse à queima-roupa:

— Fala de uma vez, Henry, mamãe não vai destratar você.

Então Melanie entendeu mais ou menos do que se tratava.

— Pois então, filha, por que não adianta o assunto, já que parece que é sobre você?

— Então, Henry quer me namorar e depois casar. Ele tem uma casa de campo e diz que só falta uma esposa. É isso.

Melanie, que esperava outra coisa, relaxou. Deu uma gostosa gargalhada e falou:

— Então, moço, tem condições de manter minha filha?

— Sim, senhora.

— Mas eu não sabia que você tinha um pretendente... Como foi isso, Charlotte?

— Ah, mamãe, foi numa festa. Dançamos a noite inteira, e gostei dele. Faz uns meses que nos encontramos nas quermesses da vila, mas só agora ele teve coragem de vir aqui, porque Anderson o assustou, dizendo que você era muito brava.

Mais risadas. Mary, que tinha acabado de ouvir a conversa, disse que tinha ralhado com o marido por assustar o rapaz bem-intencionado.

— Muito bem, Henry, venha nos finais de semana nos visitar. Como ainda não o conheço direito, não posso entregar minha filha sem saber realmente como você é. Saiba que bens para mim não têm muita importância. O que vale é o caráter, os bons sentimentos, sobretudo bom gênio. A essas coisas, sim, eu dou valor.

Tempos depois Charlotte acabou se casando com Henry. E seus filhos encantaram a velhice de Melanie. Apesar de estar sempre com os olhos melancólicos, ela se alegrava muito com a presença dos netos queridos.

O desencarne de Melanie foi silencioso e tranquilo. Fazia muito tempo que ela não brigava mais com Deus. Havia aceitado sua sina. Por isso, uma falange de amigos e conhecidos foi buscá-la. Menos Richard, que vivia em outra faixa vibratória. Melanie foi levada à colônia inglesa, onde ficou um tempo em terapia, mas logo se ajustou à nova situação. Os demais ficaram por mais tempo na Terra e choraram muito de saudade da companheira, sempre correta e leal. Antes de desencarnar, Melanie dividiu o que tinha com todos, em partes iguais, inclusive com a filha do coração.

Geraldo estava presente com Alfredo e Ramão no término da regressão e afagou paternalmente Melanie e Richard. E assim os dois se retiraram, confortados e aptos para mais um mergulho no planeta Terra, desta vez no Brasil.

Parte III
Retorno
1
Família Cassal Barros

A vida de Leônidas Cassal Barros[9] (*Richard*) foi coroada de alegrias, serenidade e muito amor desde o nascimento. Ele cresceu entre afetos numa infância rodeada de carinho e disciplina.

Sua mãe Laurinda (*Geraldine*), muito amorosa, ensinava-lhes coisas corretas, como ter boas atitudes, respeitar os mais velhos, ser generoso com os empregados da residência etc. Era sócia, junto com o irmão Jorge, da empresa da família. Le*ônidas*, chamado carinhosamente de Leo pela família, amava o avô materno, Leopoldo Cassal (*Levy*), que havia herdado do pai uma grande indústria metalúrgica. Era um indivíduo bom. Porém, seu genro, pai de Leo, era diferente. Não tinha muito

---

9. Todos os nomes nesta encarnação foram trocados, assim como o nome da cidade, porque os personagens são conhecidos, e alguns ainda vivem no plano físico.

interesse pela empresa e estava sempre às voltas com algum relacionamento fora do casamento. Não se interessava muito em trabalhar e, quando fechava um negócio, era um desastre. Não se importava com nada, apenas com os prazeres terrenos. Um dia foi encontrado morto em um motel, vítima de um infarto fulminante. Sua acompanhante, uma garota de programa, é que avisara a polícia.

Aos filhos, Leo e Estela, foi dito que o pai tinha sofrido um mal súbito na empresa. Laurinda, que junto com o pai ficara responsável pela criação dos filhos, acabou encontrando no Espiritismo o esclarecimento e a consolação para entender e aceitar os problemas da vida. A partir do estudo da Doutrina Espírita, ela compreendeu a Lei de Causa e Efeito e passou a participar de uma casa espírita, com a qual colaborou até a morte.

E foi assim que o antigo espírito da carruagem-fantasma nasceu em lar abonado. Lorde Richard William Stuart, agora com o nome de Leônidas Cassal Barros, passou a viver na capital de São Paulo, em plena Avenida Paulista, numa mansão, vizinha de edifícios luxuosos, casas de câmbio, bancos, escritórios e lojas de grifes. A família travava verdadeira batalha para se manter no mercado, correndo atrás de clientes ricos que ostentassem poder e riqueza.

Leônidas olhava embevecido a casa que fora do bisavô. Sabia, pelas histórias da família, de suas lutas, do seu empenho para juntar fortuna. Não tinha sido fácil. Tivera que quebrar muitas convenções, infringir muitas leis. Segundo diziam, as dos homens e as de Deus. Leônidas sabia que seu bisavô, à época, para se manter no poder, passara por cima de tudo e de todos.

"Lembro", pensava, "quando vovô comentava que seu pai, em matéria de negócios, não levava nada nem ninguém em consideração; era duro e inflexível."

O rapaz, assim pensando, sacudiu a cabeça para afastar lembranças ruins e subiu a escadaria, entrando na mansão.

Na mão, a pasta preta de executivo. Trajava um terno cinza, de corte fino, bem alinhado. Barbeado e com o cabelo cortado, cheirava levemente a perfume. Antes que abrisse a porta, lhe veio à mente o "fantasma da carruagem". Angustiado, pensou: "Quando vou me livrar desse fantasma? Acho que nem um analista poderá me ajudar. Vão me chamar de esquizofrênico, afinal vejo o que ninguém vê".

Nesse instante veio ao seu encontro o velho mordomo da família, que lhe tomou a pasta e o cachecol com reverência:

— Tudo bem, senhor? Alguma novidade?– Não, Max, obrigado. Mais tarde, sim?

E dirigiu-se para a sala ao lado, um espaço pequeno que ele usava apenas para descansar das reuniões.

— Preciso colocar as ideias no lugar.

Assim ponderando, afrouxou o nó da gravata e o cinto, tirou os sapatos e o paletó e jogou-se no sofá-cama. Seu pensamento voou. A empresa estava ruindo; a falência fora decretada. Estava claro que tinha havido desvio de verbas. A sangria não parava de correr, mas quem estaria metido na sujeira? Nas finanças, no comercial? Quando questionados, todos tinham respostas na ponta da língua como se as tivessem combinado. As vendas despencaram em razão da crise do câmbio e dos altos custos da matéria-prima. Houve perda de competitividade e quedas nas vendas. O diretor financeiro passou um índice de inadimplência alto, e a empresa precisou recorrer a empréstimos bancários para renegociar dívidas vencidas, com altos juros. Tudo isso contribuiu para a diminuição dos lucros e prejuízos financeiros. Todos os departamentos insistiam em demitir funcionários para reduzir os custos. Uma coisa era certa: Leônidas estava falido e cheio de dívidas. "Não adianta mais ficar remoendo. Mamãe é sócia majoritária da empresa e acha que devemos vendê-la para pagar os funcionários, os bancos e as dívidas. E tio Jorge tem razão quando diz que 'em casa arrombada não adianta portas de ferro'. Com o que sobrar veremos o que é possível fazer. Estela também concorda", pensava Leônidas.

Jorge, irmão de Laurinda, tinha tino para negócios. Ele pesquisou empresas interessadas pelo que sobrara da Cassal Barros e acabou fechando negócios com uma que cobriu os rombos, absorveu parte dos funcionários e dispensou toda a diretoria, levando gente da sua confiança. E foi assim que a família Cassal Barros e demais sócios se desvencilharam da empresa falida.

2

A gravidez de Maria Eduarda

Casado algum tempo com uma amiga de escola, Maria Eduarda (*Melanie*), Leônidas teve com ela dois filhos: uma menina chamada Maria Luísa, a mais velha, carinhosamente chamada de Lu, e um garoto chamado João Henrique.

Ainda no casarão, Leo estava quase cochilando, quando ouviu vozes no corredor. Uma minúscula mão empurrou a porta entreaberta, ao mesmo tempo em que uma vozinha de criança indagava:

— Papai, posso entrar?

E assim falando, uma menina se dirigiu ao sofá-cama onde Leônidas estava.

O moço, bem-humorado, abraçou a pequena.

— Já entrou, agora não adianta dizer não!

— Oh, papai! O senhor sabe o quanto o amo. Eu estava com saudade. Mamãe disse que o senhor estava aqui — e, tagarelando, aninhou-se no colo do pai.

À porta via-se, parada, uma bela mulher, com cerca de vinte e cinco anos, olhos azuis-celestes brilhantes. Duda, como era chamada carinhosamente, perguntou:

— Posso entrar? — perguntou ela, dirigindo um olhar interrogativo a Leônidas.

— Claro, entre, já acordei mesmo, agora não vou mais dormir. Por acaso está havendo alguma coisa que eu não sei e deveria saber?

— Sim, meu querido — e tirou um envelope da carteira, entregando-o ao marido. — É o resultado de um laboratório.

Confuso, ele perguntou:

— Positivo? O que é positivo, Duda?

— Ah, veja você mesmo...

— Minha nossa, meu amor, você está grávida, é isso?

— Sim.

— Bem, então vamos nos programar para receber mais um membro da família.

- Justamente agora, com todos os problemas que estamos passando com a empresa? — falou Maria Eduarda, que não havia planejado mais um filho.

— Com certeza, pois é obra de Deus — disse Leo. — Vamos aceitar.

Leo tomou a menina no colo e disse:

— Você vai ganhar mais um irmãozinho, o que acha?

— Oba! Mais um irmão? Vou adorar porque assim fico livre do João Henrique, que vive me atormentando.

Leo colocou a garota no chão e olhou para a esposa:

— Hoje resolvemos o problema da empresa. Ela foi adquirida por um grupo que nos ofereceu um bom valor. Agora, vamos partir para outros negócios, porque vontade de trabalhar é o que não me falta. Desta vez vou ser mais cuidadoso com as decisões da diretoria e dos funcionários.

Nesse meio-tempo chegou tio Jorge:

— Tudo bem?

— Por que não haveria de estar? – sorriu Leo. – Apenas uma pontinha de melancolia... O senhor há de convir que não é sempre que perdemos um bem, não é?

— Sim, mas não se esqueça de que ainda tivemos muita sorte.

— Mas me sinto triste. Um legado do meu bisavô passando para outras mãos...

Duda apenas assistia à conversa, preocupada. Jorge deu-se conta e logo mudou de assunto.

— E sua mãe como vai? Ainda com suas enxaquecas?

— Como sempre, principalmente quando sente que algo vai mal. Estou louco para que chegue logo e eu possa lhe dar essa boa notícia. Agora que ela participa das tarefas da casa espírita sente-se útil, feliz.

— Ah, meu filho, não se apoquente, isso é coisa de idade. Quando envelhecemos tememos a morte e então nos agarramos à religião. Para uns até que faz bem, mas eu já tenho minha convicção: do nada saímos, para o nada voltaremos. É melhor assim, sem questionamentos...

— Mamãe diz que fala com os espíritos, que são nossos mortos, eu até me arrepio.

— Oh! Vamos mudar de assunto — disse tio Jorge olhando para a filha de Leo, sinalizando que aquele assunto não era para criança ouvir. — Estou aqui para consumar a venda, nos reunir com os compradores e levar nossos advogados, que já têm as procurações dos sócios. Quando vamos nos reunir? Os compradores estão com pressa.

— Bem, tio Jorge, nossa palavra está dada, e o negócio, fechado. Assim que marcar a reunião me avise para eu convocar os demais interessados.

Jorge despediu-se. Mas a fofoca de que a empresa havia sido vendida já tinha chegado à diretoria e aos demais funcionários.

— Amor — explica Leo, percebendo a esposa preocupada —, não dê ouvidos a cochichos de gente despeitada e invejosa, que queria nos ver fracassados. Estão ressentidos. Suspeitam que vendemos a empresa, que o jogo virou, mas não sabem exatamente. Não entendo essa doença de desejar o mal ao outro. Quantas vezes socorri amigos com problemas financeiros sem que ninguém soubesse e nunca me orgulhei da infelicidade alheia. Agora vou procurar minha mãe, antes que ela saiba de outra forma o que aconteceu com a empresa.

— Está certo, querido, ela deve estar aflita.

E assim foi: Leo tocou para a residência de Laurinda.

3

Laurinda, espírita fervorosa

Laurinda suplicava em orações por proteção e amparo quando o filho chegou a casa.

— Então, meu filho, me conte e não esconda nada. Sou bem forte para receber qualquer notícia.

— Ah, mamãe amada! Vim lhe dar notícias auspiciosas. Deu tudo certo.

Então Leo a colocou a par de tudo, afinal a mãe era acionista majoritária na empresa. Ainda que tivesse procurações da mãe e da irmã, que lhe dava plenos poderes, ele nada omitia à mãe.

— Meu filho, eu sei que a partir dessas mudanças teremos de mudar de padrão de vida, e não me importo. Estamos de passagem. Há muito que assimilei isto: classe social, riquezas, ostentação e tudo o que diz respeito ao mundo terreno não têm valor na dimensão espiritual. Levaremos conosco o que realmente somos, de mãos vazias de materialidade, mas com alguma bagagem do que praticamos de bom. Isso sim é o que realmente somos.

— Ah, mamãe, não entendo direito tudo isso que você diz... Tio Jorge disse que é coisa da idade – sorriu Leo.

Dizendo isso, Leo despediu-se da mãe e seguiu para casa. Maria Eduarda o esperava sair do banho para conversarem, quando recebeu um telefonema de Ondina, acompanhante de dona Laurinda, bastante preocupada:

— Dona Maria Eduarda, encontrei dona Laurinda caída na entrada de seu aposento. Coloquei-a na cama e dei os remédios, mas ela continua com dor no peito. Acho bom virem para cá. Não consigo achar dona Estela...

Leo, que saía do banho naquele momento, indagou:

— O que foi, querida, por que está tão pálida?

— É Ondina; parece que sua mãe não está bem.

Leo correu ao telefone e pediu calma a Ondina, avisando-a de que logo estaria na casa da mãe com o médico.

O casal deixou as crianças com a babá e correu à casa de Laurinda. Já acompanhada da filha, ela mostrava bastante falta de ar. O médico chegou rapidamente e a levou ao hospital. Devidamente medicada, o que mais a afligia era ter de ficar em repouso, impedida de ir à casa espírita.

– Meus filhos, avisem meus irmãos da casa espírita, por favor. Peçam para que orem por mim, pedindo auxílio aos mentores para eu melhorar.

O constrangimento tomou conta de todos. Não sabiam o que fazer, nem como se comunicar com os espíritas. A família jamais se inteirara das atividades da boa senhora nessa área. Nem endereço da instituição eles conheciam. Contudo, para tranquilizá-la, concordaram em sinal de assentimento. Quando Laurinda entrou no CTI, os familiares, chocados, perguntavam-se:

— Onde será essa casa espírita que mamãe frequenta?

Estela, irmã caçula de Leo, casada com Raul, um engenheiro, foi quem se manifestou:

— Mamãe se refere muito a essa casa religiosa; fica a cinco quadras da casa dela. Darei um jeito de transmitir seu recado.

Coincidência ou não, o centro espírita frequentado por Laurinda já estava a par dos acontecimentos. Os participantes disseram que haviam sido avisados pelos espíritos. Eles envidavam esforços com a equipe espiritual da casa para auxiliá-la. Estela, chorosa ao relatar à família o que lhe haviam dito, arrepiava-se e tremia. Leo, com certa surpresa, falou:

— Será que os mortos falam com os vivos? Ou será alguma alucinação? Não sou dado a religião. Por causa dos negócios nunca tive tempo de me dedicar a alguma, mas acredito num ser superior.

Jorge, o mais incrédulo, falava enfaticamente:

— Não acredito nessas baboseiras, isso me cheira a misticismo. Para mim, morreu, acabou. Tratemos de aproveitar enquanto estamos aqui, porque após a morte só existe o nada. E ninguém me convence do contrário. De qualquer modo, respeito as opiniões diversas. Aguardemos as melhoras da minha irmã.

De volta para casa, Leônidas atirou-se ao primeiro sofá que encontrou e ficou por ali um bom tempo. Seus filhos chegaram e correram ao seu encontro.

— Papai, papai. O senhor está bem? Tenho tanta coisa para lhe contar — disse Luísa, animada.

Leo, ainda preocupado com a doença da mãe, respondeu:

— Claro, lógico, venham os dois beijar o papai.

Seguindo as crianças, surgiu Maria Eduarda.

— Venha, querida, sente-se ao meu lado.

Nesse ínterim Leo ouviu um pensamento recorrente, em forma de melodia: *"Desejo que seus dias tenham flores e que elas exalem bons aromas; que sua vida seja coroada de otimismo e de esperança; que suas manhãs sejam de brisa. Embora a tempestade esteja se avizinhando, que você não perca a coragem e a perseverança; que seu sorriso para seus filhos permaneça iluminado. Leo, lembre-se do fantasma naquela carruagem que o atormenta desde a adolescência".*

Leo ficou intrigado com aquele pensamento. Mas deixou as indagações para depois, preocupado com os problemas do cotidiano.

4

Laurinda e a casa espírita

A venda da empresa transcorreu sem problemas, tudo dentro da legalidade. Em meio a esse processo, nasceu André, o terceiro filho de Leônidas Cassal Barros. Recebido com muita festa e alegria, as crianças ficaram encantadas com o novo irmãozinho, e os pais, enlevados com mais um novo membro na família.

Laurinda havia se recuperado. Vivia às voltas com sua casa espírita e seus trabalhos de assistência social. A mudança radical de posição social acabou por afastar amigos com quem se relacionava no mundo dos poderosos e privilegiados. Mas isso não a abalou, nem a sua família.

Certa feita, numa festa com familiares, Laurinda falou:

— Tive notícias de seu avô na casa espírita. Todos passam bem, estão se recuperando e trabalhando numa colônia aqui mesmo, acima de São Paulo. Ele está rogando ao Pai auxílio para você abrir um novo negócio que lhe dê muitas alegrias.

Nesta fase de instabilidade, o bom senso deve falar mais alto. Você deve reduzir despesas, trocar imóveis caros por outros mais em conta e contratar uma consultoria para descobrir com o que você pode trabalhar e qual o lugar mais acessível.

— O que é isso, mamãe? Agora deu para falar com mortos? A senhora está perturbada, ou os remédios para o coração estão lhe fazendo mal?

— Meu filho — disse a matrona —, aprendi com o Espiritismo, uma doutrina de consolação e esclarecimento, que ninguém morre, a não ser o corpo de carne. Nossos antepassados estão vivos e se preocupam com todos nós.

Nesse momento, Jorge se aproximou do grupo:

— Pessoal, deixemos as contendas e atiremo-nos aos canapés, que estão muito gostosos.

Assim a noite terminou entre guloseimas e amenidades. Contudo, a semente do Espiritismo tinha sido plantada nos corações dos integrantes daquela família.

Leônidas, apesar da aparente descrença, ficara com uma pontinha de curiosidade sobre a explanação da mãe e interrogava-se intimamente: "Será mesmo verdade o que mamãe relatou? Isso seria bom demais".

*

O tempo passou. Mas a conversa da mãe sobre o fato de os espíritos se comunicarem não abandonaram os pensamentos de Leônidas. Um dia, dirigindo pela Avenida Paulista, pensava no filho caçula, nascido após o aborto espontâneo sofrido por Duda aos quatro meses de gravidez. Então teve um *insight*: começou a ver familiares desencarnados. Mortos passaram a desfilar à sua frente.

Leo já tinha certa sensibilidade[10]. Era natural que em algum momento ela desabrochasse. E foi o que aconteceu.

— Deus! — exclamou. — Estou com alucinação! Já não basta o inglês da carruagem-fantasma, agora isso! Estou vendo meu avô e meu bisavô em fisionomias alheias!

Ao mesmo tempo em que falava, esfregava os olhos, movimentando a cabeça para afastar uma possível autossugestão. A impressão havia sido tão forte, que Leo precisou brecar o carro. Estacionou e saiu, caminhando até um bar, onde pediu uma água mineral. Chegando a casa com as pernas bambas, um arrepio frio passava-lhe pelo corpo inteiro. "Não acredito em bruxas, mas que elas existem, existem", pensava.

Para os fantasmas familiares, disse em voz alta:

— Se vocês existem, não quero vê-los mais. Se quiserem nos ajudar, auxiliem-nos no anonimato.

Mas uma voz suave lhe disse docemente em pensamento: *"Aquele que busca sinceramente não esmorece diante das necessidades, por maiores que estas se apresentem. Como arvore após a poda, renasce, fortalecido e enriquecido. O homem não pode se comparar com as lagartixas. À medida que conseguir ir em frente, apesar dos rastros e pedaços de si mesmos deixados na reconstrução de sua própria história, será sempre melhor, a cada experiência"*. Leo, ao ouvir aquela exortação, sentiu tamanho conforto que relaxou, sem questionar.

---

10. Aqui, o autor se refere à mediunidade do personagem. De acordo com a questão 159 de *O Livro dos Médiuns*, de Allan Kardec (Petit Editora, 2004), "toda pessoa que sente num grau qualquer a influência dos Espíritos é, por isso mesmo, médium. Essa faculdade é inerente às pessoas e consequentemente não constitui privilégio exclusivo de ninguém. (...) Entretanto, essa qualificação aplica-se apenas àqueles cujo dom mediúnico está claramente caracterizado por efeitos patentes de uma certa intensidade, o que depende de uma organização mais ou menos sensitiva."

5
Laurinda desencarna

Desencarnou dona Laurinda, a matrona do clã que unia os familiares. Tio Jorge, envelhecido e decepcionado por não ter conseguido livrar a empresa da ruína, entregando um patrimônio de quase cinquenta anos a outro grupo, sentiu-se impotente e morreu de enfarte no mesmo ano da morte de Laurinda. Eles não tiveram tempo de acompanhar o crescimento do novo negócio de Leônidas, que resolveu arriscar-se, com o que sobrara da venda da empresa, na fabricação de peças automotivas.

Laurinda havia escrito uma longa carta para Leo, seu primogênito, que foi entregue logo após seu falecimento. Foram folhas e folhas que Leo leu com lágrimas nos olhos. Ela falou abertamente do esposo e de seu fracasso como marido e pai, que pouco se importava com os filhos. Contou que sua sede de viver uma mocidade tardia, vivendo grande parte em bordéis, às voltas com prostíbulos e más companhias, resultou em sua morte um dia num motel, em plena semana, sem dinheiro, rodeado de garrafas de bebidas alcoólicas vazias. Diziam alguns que ele fora assinado. Seu avô, Leopoldo, para evitar escândalos, não dera parte à polícia e forjara a morte do genro por acidente vascular. Segundo a carta, tudo fora abafado em nome da honra e dos bons costumes. Como os filhos eram muito pequenos, explica Laurinda, ela os poupou, criando uma história fantasiosa em torno da morte do pai. Leopoldo, seu pai, tocara a empresa sozinho com os sócios. Mas a morte do marido acabou trazendo à família paz e tranquilidade.

Leônidas dobrou as folhas e as guardou no cofre. Em seguida foi até a casa da mãe. Na biblioteca, passou a revisar os livros aos quais ela sempre se referia. Tomou o primeiro título à mão: *O Livro dos Espíritos*. Olhou a folha de rosto, passou os olhos no sumário e prestou atenção à leitura, achando-a interessante. Sentou-se numa poltrona de veludo cinza e aprofundou-se na leitura.

Leo chegara à casa da sua genitora por volta das 17 horas e nem percebeu que a noite havia chegado, absorvido pela leitura que o cativara com seus conceitos universais. Já passava da meia-noite, quando, cansado, pegou no sono ali mesmo. Estava fascinado por tudo o que lera. Achou os conceitos criteriosos, lógicos, de bom senso, além de a leitura ser bastante interessante.

Além de *O Livro dos Espíritos*, folheou *O Livro dos Médiuns, O Evangelho Segundo o Espiritismo, A Gênese* e *O Céu e o Inferno*, todas obras codificadas por Allan Kardec.

Pensava consigo: "Mamãe tinha um tesouro escondido, e só fui descobri-lo após a sua morte. Esses conceitos pertencem ao Espiritismo e, pelo amor de Deus, são verdadeiros! Uma filosofia humanista e lógica. Com esses conhecimentos, podemos saber o porquê do hoje, o que foi o ontem e quais as nossas perspectivas para o amanhã... Meu Deus! Foi preciso eu passar por toda essa experiência para entender o quanto mamãe foi verdadeira...".

E assim meditando na saleta acolhedora onde sua mãe passara tantos anos na leitura dos livros queridos, Leo pôde avaliar o quanto ela era culta e quanto conhecimento havia adquirido: "Hoje vejo o quanto somos analfabetos ante a filosofia cósmica, em assuntos de imortalidade, Lei de Causa e Efeito, livre-arbítrio, comunicação dos espíritos, vidas sucessivas, mundos habitados e onipresença de Deus. Talvez, se eu fosse detentor de todos esses conhecimentos, não amargaria uma falência, ou, quem sabe, administraria os meus negócios sem tanta ansiedade. Ah, senhor da vida, coloco a minha alma sob a tua direção".

Nesse momento, desfilavam pela sua mente os episódios mais marcantes de sua vida, desde a tenra idade até os dias atuais. Fora criado no conforto, no luxo, enquanto outros não tinham nem onde dormir. Essa disparidade chocava o seu coração sensível; todavia, como não tinha explicação, achava que era coisa do destino e passava os questionamentos para o inconsciente. Agora, lendo *O Livro dos Espíritos*, começou a entender o porquê de tudo e, principalmente, compreendeu que cada um está no lugar necessário para progredir emocionalmente e desenvolver o intelecto. Ninguém pode ficar na pobreza para pagar, mas sim experimentar as adversidades da matéria e tratar os que vivem nela com respeito e nobreza.

E, ainda assombrado com aqueles conhecimentos, refletia: "Meu Deus! Quer dizer então que a reencarnação é a chave de tudo o que nos acontece, e a Lei de Causa e Efeito é um fato, ninguém está à deriva? O livre-arbítrio é uma constatação! Reencarnação... reencarnação é a coisa mais sensata, é racional. Talvez hoje eu esteja colhendo os frutos de outra vida de insucessos morais ou, quem sabe, experimentando a própria vida com provas para progredir.

Além do mais, sabe-se lá o que não fiz para estar nesta vida com tantas encrencas, lutando para emergir desta borrasca! E o tio Jorge, qual o comprometimento dele comigo e com os negócios? Estará também colhendo, de outros tempos, toda essa confusão? No entanto, tudo tem uma razão de ser, segundo o Espiritismo, e nada está fora do contexto. Ah! A incontestável leveza do ser ainda é um mistério... Ontem... Hoje... E o amanhã ainda é uma incógnita para todos nós. Tudo está muito claro na minha mente e, sinceramente, aceito com a maior naturalidade. A reencarnação é a saída, é a resposta, e não temos como negá-la. No plano em que vivemos, essa é uma lei racional; entretanto, Deus é amor e ama as criaturas".

Em sua mente, ele revia um nobre em uma carruagem locomovendo-se em uma cidade europeia, numa recordação que muito o incomodava: "Quem é essa pessoa, de um século distante de hoje, que povoa minha mente e toca minha alma como se fosse eu próprio? Será que vivi essa personagem que me causa tanta tristeza e mal-estar? Essa visão me leva a um lugar longínquo dentro do meu inconsciente, revolvendo sentimentos amargos e ressentidos. Será que é alguma vida do passado? Ah, meu Deus, como dói... É uma saudade inexplicável de coisas, cheiros e paisagens desconhecidos nesta vida. Mas o que significa aquele homem festejando com champanhe uma vitória? Ah, mas ele não estava feliz, estava amargo, alucinado! Isso está dentro de mim, todavia é um mau sentimento, desconfortante, que vive aqui, no meu coração, na minha mente. Conviver com isso me faz um grande mal. Causa-me um sofrimento atroz de fracasso, de derrota, mas sei que não sou mais assim...".

E tratou logo de afugentar tal estado de ânimo. Mal sabia que sua genitora do passado o amparava e lhe incutia boas energias. Com passes terapêuticos, dava-lhe refazimento para que queimasse os resquícios de um passado de sentimentos infelizes a fim de desligar-se, para sempre, de uma encarnação em que o ódio e a vingança tinham sido a tônica de seu viver na Inglaterra de reis e rainhas.

*

Leo, ainda na casa de dona Laurinda, em poucas horas amadurecera e sentia-se mais feliz. Quem tem a mente aberta para a lógica compreende de imediato as mensagens contidas nos livros. Aliás, a maturidade nos dá esse entendimento. Ao dar com o vitral da porta, ao lado do jardim, admirou com outros olhos a natureza, porquanto, agora, tinha olhos de ver e ouvidos de ouvir. A compreensão se derramava em todo o seu ser, e, quem sabe, ele sentia mais com o espírito do que com os órgãos carnais. O verde das folhas era mais intenso, o céu de anil era mais azul, o colorido das flores era mais encantador, e os aromas, de uma fragrância indefinível. Observou com enternecimento as rolinhas que pousavam nos telhados das casas mais altas e, assim, saiu da casa materna à tardinha do outro dia, de ânimo renovado e com uma nova visão de vida.

Entretanto, nosso personagem, diga-se de passagem, já tinha conhecido os ensinamentos do Espiritismo na colônia que o abrigara na espiritualidade. Agora, ao ler novamente os conhecimentos da Doutrina Espírita na casa de sua mãe, apenas recordava o que na vida espiritual já sabia.

Leo ia perdido em considerações e devaneios, quando observou que o passado e o presente se chocavam. Ao se virar à esquerda para admirar a paisagem de um entardecer de um dia de inverno, deparou com um quadro desfocado da realidade do século 20. Bem à sua frente viu um homem que parecia estar sofrendo muito, puxando com as próprias mãos uma carroça desengonçada. Ao se deter naquela visão, constatou que o homem não estava sozinho, junto dele havia um menino esquálido, de olhar estranho, alheio ao mundo que o rodeava. Ao lado, uma menina minúscula, que tiritava de frio, tentava se abrigar num pedaço gasto de papelão.

"Meu Deus", pensou, "o que aconteceu com eles? De onde esse homem reuniu forças para arrastar-se num dia tão frio? Como terá sido sua infância e mocidade? Teria esposa, companheira?"

Leônidas Cassal Barros, que vivera muito tempo no mundo dos negócios, viu-se nos reveses da vida. Entendeu que a passagem pelo plano da Terra não era só ostentação ou trabalho visando apenar ao "ter". Descobriu que havia um "ser" intransferível, isto é, a essência de cada um, independentemente de viver na riqueza ou na pobreza. Compreendeu que a vida era muito mais que uma visão materialista.

Ele passou a entender que o dinheiro neste mundo material é importante e deve ser interpretado como energia divina que permite a organização social e o progresso material. Bem aplicado, oferece vantagens ao mundo físico. Com ele se resolvem a fome e a falta de saúde, de veste, de abrigo, de instrução. Bem conduzido, retira o ser humano da miserabilidade. Aliás, o dinheiro bem empregado varreria a pobreza, e todos usufruiriam da abundância com que Deus projetou o Universo.

O mundo, ainda que esteja longe desse ideal, caminha para a regeneração. Chegará o dia em que a busca pelo pão de cada dia se tornará menos aflitiva, e a dor, menos cruel. No Universo tudo está entrelaçado, e no planeta Terra também. O acaso é invenção dos homens para justificar o que não conseguem entender. Criam teorias mirabolantes para o desconhecido. Mas o tempo urge. Quem não se adequar ao chamamento para mudanças estará assinalado para povoar outros mundos, de acordo com o seu padrão vibratório. A Terra não albergará mais espíritos inferiores porque sua condição evolutiva será imprópria a esses tipos. No novo mundo que se avizinha, de vibrações amorosas e retidão, serão as leis da justiça, do amor e da caridade que pertencerão ao progresso da humanidade. São elas que encerrarão a felicidade do homem, e só elas poderão curar as chagas da humanidade.

6
Recordações

Leo continuava a observar de longe o homem puxando a carroça, e um misto de tristeza e melancolia tomou conta dele. Envergonhou-se de trafegar em seu carro. Perto daquele veículo miserável, seu carro era um luxo.

A visão do mundo e das coisas tornou-se para ele mais presente, mais real. Suas próprias necessidades tornaram-se ínfimas. Leo nunca tinha observado em suas andanças por São Paulo e nos arredores a presença gritante da miséria, da pobreza real e dos desvalidos. De ânimo modificado, chegou a casa. Mas a lembrança daqueles que o haviam impressionado permanecia em seu pensamento. Ao chegar em casa, Maria Eduarda e os filhos, preocupados com sua ausência, correram a abraçá-lo.

— Meus queridos, assustaram-se com a minha ausência, não? Mas asseguro que não foi intencional. Amo-os muito. Mas os momentos que passei fora, sem o convívio de vocês, foram de grande valia. Coloquei a razão e a emoção nos devidos lugares, e não há nada, nada mesmo, mais importante que minha querida esposa e meus amados filhos. Hoje me conscientizei de que meu maior tesouro está aqui, no afago dos seus abraços.

Assim que as crianças se distraíram, Maria Eduarda questionou o marido:

— Ficamos apreensivos, querido, não sabíamos por que ficou retido na casa de sua mãe. Aliás, nem sabíamos se realmente estava lá.

— Por que, querida? Alguma vez dei motivo de preocupação?

— Não, mas quem ama verdadeiramente tem esses cuidados com seu amor, e eu não saberia viver sem você.

Nesse instante João Henrique se aproximou do pai e perguntou:

— Papai, onde você esteve?

— Estava aprendendo lições de vida. A vida estava me empurrando, me dizendo: "Acorda, quero que aprenda alguma coisa". Assim, meu filho, se aprendemos as lições, damos a volta por cima; do contrário, a vida continuará batendo em nós. Alguns aprendem e seguem em frente — e, olhando fixamente para a mulher, disse: — se eu assimilar bem as experiências pelas quais estou passando, vou conseguir lidar com os problemas do novo empreendimento. Não quero mais passar a vida inteira esperando que um golpe de sorte apareça para resolver minhas questões financeiras. Mas agora chega desse assunto. E o nosso bebê, onde está? Ainda não o vi engatinhando pelo meio da casa, entretido em colocar na boca o que não deve.

— Está no quarto, dormindo. Guloso como é, empanturrou-se.

Leo sorriu. Sua família estava completa. Embora tivessem passado pela prova de perder uma criança em razão do aborto sofrido por Duda, estavam felizes pelo nascimento de André. Encaminharam-se para o quarto do filho caçula, que, na verdade, era a encarnação do bisavô de Leo. "Quero uma chuva de sentimentos bons e que o vento leve para bem longe os maus presságios e os maus sentimentos. Que o amor permaneça e meus sentimentos se tornem cada vez melhores, como as brisas, e os não tão bons passem como as chuvas de verão. Ah! A vida e seus intrincados problemas. Que Deus me ampare nos meus bons propósitos de mudança e renovação! Creio na moral do Evangelho de Jesus e, com coragem e muito esforço, tentarei vivenciá-los. Sinto que o momento é este. O instante é hoje. Não podemos perder mais tempo. Ele urge."

7

Livros de sabedorias

Leo, a partir daquele dia, passou a ler atentamente os livros de Allan Kardec e de outros grandes médiuns. Ainda não havia resolvido conhecer uma casa espírita. Percebia que sua irmã, Estela, quase não tinha mais tempo para visitá-los. Após a morte da mãe, Estela esteve às voltas com a sociedade espírita, que passou a frequentar. Leo entendia que teria de se organizar, porque participar de uma casa espírita significaria assumir compromisso sério, e ele não queria abrir mão da família mais uma vez, como fizera em razão do problema da fábrica.

Mas à medida que se aprofundava nos novos conhecimentos, percebia um chamado ao apelo da razão, confidenciando-lhe que era chegada a hora. Ele não tinha mais como recusar o clamor da alma. Nesse tempo, suas percepções mentais já o brindavam com a recordação de um lugar paradisíaco, que o fazia emocionar-se até as lágrimas. E uma doce mulher, de seus presumíveis cinquenta anos, de cabelos esbranquiçados e translúcidos, de olhar meigo e transparente, sorria-lhe maternalmente. Ele pensava, ao vislumbrar aquela visão:

"Eu conheço esse lugar, tenho certeza, já vivi nele. Deve ser uma colônia parecida com as descritas nas obras de André Luiz, como no livro *Nosso Lar*, tão mencionado por minha mãe. Chegou a hora, hoje mesmo vou me informar com Estela sobre os horários de funcionamento da casa espírita que mamãe frequentava. Estou curioso para ver *in loco* o desenvolvimento desta religião na prática".

Seus olhos brilhavam de entusiasmo. Havia uma excitação em seus gestos. Estava empolgado com a empreitada, como ficava quando ia fechar um grande negócio.

Entusiasmado, bateu à porta do apartamento da irmã, que o recebeu alegre. Leo descreveu tudo o que descobrira sobre si e o Espiritismo na noite em que passara na casa da mãe.

Estela, com os olhos arregalados com a súbita surpresa, só ouvia o que o irmão falava.

— Estela, você não pode imaginar o bem que aquela noite me fez. Quantas coisas para rever e sentir, quantos conceitos para analisar, dúvidas a dirimir, pontos de vista e conceitos a repensar. Passei a ver o mundo por uma ótica totalmente diferente de quando vivíamos uma vida de opulência, quando nossos olhos só viam o que queríamos enxergar em matéria de riquezas, como os amigos falsos, mas muito ricos, que viviam para nos bajular e para serem bajulados. Por Deus, minha irmã, vivíamos um tempo vazio de coisas que realmente interessam à alma. Afinal, da morte do plano físico ninguém escapará. Tenha a fortuna que tiver, fatalmente deixará este mundo, como papai, que sugou tudo o que podia da vida e acabou morto num quarto de motel.

A irmã o olhou de uma maneira afetuosa, desejando amenizar sua aflição e sossegá-lo, tentando minimizar sua estupefação.

No entanto, ao vê-lo assim, refeito dos intrincados problemas do cotidiano, abraçou-o amorosamente, beijando-lhe a face, na certeza de que as coisas da vida e da alma iriam decididamente se ajustar.

— Enfim, meu irmão, você acordou para a vida maior, que é a continuação desta em que nos encontramos. O mundo, para muitos, é uma prisão, outros o interpretam como um hospital, mas o planeta Terra, em sentido amplo, é um grande educandário. Estamos aqui para aprender a desenvolver nossas potencialidades e cuidar de nossa casa planetária, que está em permanente reforma. Os caminhos novos, nós os escolhemos; as experiências são opção do nosso livre-arbítrio, erros e acertos fazem parte das lições do aprendizado. É na amálgama do agir e reagir, da ação e reação, que vamos refazendo as lições e nos superando a cada conquista.

Leo saiu do apartamento de Estela com a emoção renovada. Compreendera a irmã e era compreendido por ela. Ao chegar a casa, contou à esposa toda a conversa que tivera. Maria Eduarda de imediato apaixonou-se por aqueles novos ensinamentos e percebeu o quanto o Espiritismo era racional e como se impunha pela força de sua profundidade filosófica a quem quer que o desejasse.

A partir daí, decidida, passou a estudar junto com o marido e a frequentar as reuniões públicas na sociedade de que sua cunhada participava. Foi nessa casa abençoada que começou a estudar tudo sobre a vida à luz do Espiritismo — de onde viemos, para onde vamos, quem somos — e não parou mais.

Duda fez muitos amigos, tanto na vida material como na vida do espírito, progredindo, em ascensão lenta, mas permanente, na certeza do que estava vivenciando.

8

A vida é um aprendizado

O tempo passou, e Duda, após concluir seus cursos doutrinários, tornou-se fervorosa trabalhadora da doutrina Espírita e excelente médium de incorporação. Leo, além de se tornar espírita, também virou um ardoroso divulgador. Nas sessões de intercâmbio espiritual, quando os médiuns faziam contatos com o mundo espiritual, ele, muitas vezes, conversou com sua mãe Laurinda. Assim souberam pelo espírito da mãe que reencarnações de épocas passadas foram a causa das adversidades pelas quais ela passara; não como castigo, mas como aprendizado.

Ela contou que, como auxiliar nas expedições para resgatar entidades infelizes nas regiões umbralinas perto da atmosfera terrestre, encontrou antigos adversários, os quais, com dedicação e esclarecimento, transformou em bons amigos.

Tio Jorge, que sempre fora bom amigo de Leo, também

se fez presente nas reuniões mediúnicas. Pela psicofonia, comprovou a imortalidade da alma e refez antigos conceitos. Sempre brincalhão, mandou a seguinte mensagem a Leo:

– *Meu filho, todos nós somos imortais. Deus existe, e estou aqui para prová-lo, refazendo antigos equívocos. Siga esta doutrina consoladora e espalhe, por onde estiver, o amor e o entendimento entre as pessoas.*

A vida continuou para todos da saga dos Cassal Barros, apenas divergindo em objetivos. Enquanto uns corriam em busca de quimeras, Leo e sua família caminhavam firmes para o porvir, na certeza da imortalidade da alma e da responsabilidade que cada um tem de crescer, reformular-se, amar e seguir em frente, buscando liberdade com responsabilidade, na certeza de que Deus Onipotente faculta ao homem encarnado infinitas oportunidades de aprendizado e crescimento evolutivo.

O ingresso no corpo físico não tem como único objetivo "pagar", pois isso é ainda um conceito muito dogmático das teologias humanas – pagar dívidas – e não deve ser levado ao pé da letra. Deus não é alguém a quem devemos "pagar" qualquer coisa, numa visão antropomórfica; entretanto, a pedagogia divina nos permite receber da vida exatamente o que lhe oferecemos nesta ou em outra reencarnação.

Atualmente temos uma compreensão mais ampla das leis da vida. Devemos, sim, nos reparar perante a própria consciência e a consciência cósmica. Estamos em permanente reconstrução de nós mesmos e do Universo, pois somos cocriadores com o Divino Criador. Não sofremos porque Deus nos castiga pelos pecados, sofremos porque Ele permite que colhamos hoje o que semeamos ontem, aprimorando, assim, pela experiência, a qualidade de nossa semeadura. Estejamos conscientes de que a dor é como um convite a mudanças. A vida, vista por um ângulo de expectativas jubilosas, transforma-nos em pessoas confiantes no presente e no porvir, quando aqui encarnados. Se o homem estiver em paz e de bem com a vida, entenderá a musicalidade da evolução que o chama para o amor e para a fraternidade e estará disposto, sempre, à solidariedade, participando da natureza e cuidando dela sem poluí-la, participando dessa transição como ente positivo, engajado em grupos que preservam a natureza em âmbito mundial, ajudando a reduzir, reutilizar e reciclar o que é usado, sem prejuízo de monta à natureza, à sua própria existência e cuidando de sua casa planetária, sob todos os sentidos, sem marginalizá-la ou desprezá-la. Contudo, segundo Jesus, ainda haverá aflições porque ainda não entendemos o significado da vida e de nossa vivência neste mundo, que já passou por vários estágios, desde os tempos primitivos, com conquistas de terras, às guerras fratricidas, com escravização, destruição de famílias e roubos de bens de toda ordem. Os homens, em épocas remotas, só conheciam a morte e acreditavam nela. E ainda hoje a maioria ainda descrê da vida imortal, por isso o atordoamento de gozar a vida à exaustão.

Se não cuidar da casa planetária onde habitamos, ela não resistirá. A educação ambiental é imprescindível. A lei da destruição, de que fala Allan Kardec em *O livro dos espíritos*, mostra-nos como tudo é necessário e se encadeia diante das leis planetárias que organizam a natureza. Logo, construir e destruir é normal, desde que siga um critério. No âmbito comandado pelos espíritos encarregados dos fenômenos da natureza, as ações ocorrem de forma equilibrada e coesa. Os vulcões, terremotos, *tsunamis* planejados fazem parte do processo dos mundos, não são eventos desordenados – o que não acontece quando o homem mexe com a natureza pura e simplesmente movido pela ganância e ambição. Aí o planeta se desarticula, fica à deriva. Esses poderosos que atiram bombas atômicas no mar para experimentos, que desviam leitos de rios para obter mais terra e poluem-nos com o derramamento de matéria tóxica provinda de indústrias, como o mercúrio devastador, que desmatam propositalmente para plantio sem planejamento, não se importando com o futuro, mas sim com o agora, são irresponsáveis, egoístas e prepotentes. "O amanhã a Deus pertence", dizem.

Esses que pensam assim viverão para resgatar, a duras penas, quiçá em outro plano, e aprender a respeitar a casa planetária que os acolheu.

É certo que no mundo de regeneração a solidariedade e a fraternidade unirão as pessoas pelos laços de afinidade e simpatia se os humanos souberem promover a convivência entre si. E o amor será a pedra angular nesse convívio, formando, com isso, a harmonia nas relações interpessoais. Nesse contexto, haverá confiança recíproca, apoio mútuo, e todos viverão em paz, numa sociedade equilibrada, em união universal. E, quando escrevo como espírito desencarnado que já habitou essas plagas terrestres, não estou pensando ou criando utopias, tentando mostrar o que já sei sem a veste carnal. Em uma sociedade regenerada, sustento que a generosidade é campo farto para as pessoas evoluírem, sem guerras e sem cupidez, e afirmo: o planeta um dia chegará lá, plenamente. Dessa forma ouviremos na noite de estrelas prateadas uma grandiosa melodia de luz na abóboda, aguardando o futuro que todos almejamos, quer no corpo material, quer no espiritual. E o Senhor da Vida se manifestará em sua pujante majestade.

Independentemente da complexidade de cada ser humano, entre hábitos adquiridos e vivência pessoal, a vida é um eterno transformar, sempre para a frente, sem desculpas. Quando o amor sem fanatismo ou crença pueril aquecer a alma humana, sem distinção, a indiferença e a dor alheia desaparecerão entre os humanos. Já vivemos no século em que o aspecto moral inserido nos bons hábitos nos habituará, como encarnados, a dizer palavras edificantes, a ser gentis, a escolher boas leituras, a ser honestos e responsáveis em qualquer empreitada, a cumprir compromissos com empenho, no lar e fora dele, a ser sobretudo solidários, fraternos para com todos, indistintamente. Se realmente formos solidários, não teremos tempo para a solidão. Haverá sempre tempo para o auxílio, porque os desocupados e indiferentes estarão cheios de horas vazias e dirão que não possuem tempo para nada, vivendo cansados de suas inutilidades. E esses, com certeza, não usufruíram suas encarnações nem estarão preparados para um mundo de regeneração, onde a tônica será o serviço pelo bem e para o bem comum. Nesse mundo novo, segundo Jesus, iremos "amar uns aos outros como irmãos", verdadeiramente.

Hoje existem conceitos sobre o meio ambiente terrestre; todavia Allan Kardec, no século 19, já alertava os humanos para investir no ecossistema, na ecologia, na sustentabilidade do planeta, mesmo sem usar esses termos. Escrevia sobre as leis do progresso e da destruição. Estava à frente do seu tempo, inspirado pela falange do Espírito de Verdade, cujo alerta se vê em *O Livro dos Espíritos*.

9

Livre-arbítrio

A tarde caía colorida em violeta. São Paulo despedia-se do dia estafante, aturdida em obrigações materiais. Milhares de pessoas deixavam suas funções e voltavam para casa no final de mais um dia de trabalho.

À noite haveria reunião mediúnica na casa espírita. Antes mesmo de começar a reunião, pairavam no ar suaves vibrações sob a vigilância dos espíritos amigos que acompanhavam aqueles que participariam da reunião de orientação e atendimento a espíritos necessitados e sofredores.

Leônidas presenciava a tudo, envolvido e emocionado. Sua mediunidade de vidência havia aflorado agora de maneira mais disciplinada. Dizem que, quando o trabalhador está pronto, o trabalho aparece. Com Leo não foi diferente. Teve muitas oportunidades para conversar com amigos espirituais sobre os mais variados ensinamentos espíritas, como livre-arbítrio, destino e fatalidade. E assim começou o diálogo daquela noite:

— Amigo Geraldo — questionou Leo, dirigindo-se à médium incorporada —, já se passou mais de um século da primeira edição de *O Livro dos Espíritos* e gostaríamos que o nobre instrutor nos esclarecesse mais sobre a questão 258, que trata da possibilidade de o espírito reencarnante escolher o gênero de provas que deseja suportar.

A entidade que envolvia a médium de psicofonia movimentou a cabeça da senhora que lhe emprestava o veículo mental e, utilizando-se de seu aparelho fonador, em sinal de aprovação, começou a esclarecer, segundo seu grau de entendimento:

— *Queridos irmãos, sinto-me muito feliz em participar deste trabalho tão importante. Neste século de expectativas promissoras é preciso que o homem esteja aberto para novas reflexões, inclusive para rever posições diante das novas descobertas e ser partícipe desse novo ciclo em que a Terra se encontra. O mestre Allan Kardec e as falanges de Espíritos Superiores que o assistiam deixaram em aberto as infinitas possibilidades que o orbe iria presenciar a cada século, de forma que o codificador deixou para a posteridade espírita a seguinte recomendação inserida em A Gênese: "Caminhando de par com o progresso, o Espiritismo jamais será ultrapassado, porque, se novas descobertas lhe demonstrassem estar em erro acerca de um ponto qualquer, ele se modificaria nesse ponto. Se uma nova verdade se revelar, ele aceitará".*

"Os espíritos não sabem tudo, já no tempo de Kardec lhe davam ciência disso; também não sabemos tudo, mas estamos abertos ao aprendizado, estamos todos no caminho da evolução como aprendizes, e aprendizes devem trocar impressões, jamais fechar qualquer assunto sobre nossa ótica individual. A razão é uma ferramenta do espírito, sempre aberta a novas reflexões. Daí o nosso interesse em abordar a fatalidade, o livre-arbítrio e o destino.

É corriqueiro entre os que estudam o Espiritismo, menos informados, divulgar que nada ocorre por acaso, que tudo o que acontece neste planeta está planejado, arquitetado, estabelecido, com, se fosse um destino traçado, como numa peça de teatro. O ser humano representaria, como ator, um texto já escrito, já estabelecido. A vida seria a encenação de um folhetim preparado. Conforme esse pensamento se justificaria uma postura de resignação, pois tudo estaria como Deus quer. Entretanto, se recorrer-mos às questões de O Livro dos Espíritos, *devemos nos ater à expressão 'gênero de provas'. Há um gênero de música clássica, não? Contudo, quantos estilos pertencem a essa mesma classe? Logo, o que os sábios espíritos que assistiam o mestre Kardec queriam dizer com 'gênero de provas' no século 19? Que se pode lidar com flagelos, como a fome e as intempéries, nunca com a fatalidade no campo moral. De uma coisa fique certo, meu nobre questionador: a destruição e a falência algumas vezes são necessárias, porém a crueldade não o é jamais. A crueldade é sempre resultado de uma natureza bruta que os humanos chamam de má, mas a misericórdia de Deus é infinita, facultando a todo espírito tempo e espaço para aprender que o bem é sempre melhor que o mal e sempre vencerá.*

Os engenheiros siderais jamais se utilizam de expedientes cruéis e violentos para reparar atos equivocados dos homens, e não há ninguém predestinado ao crime. Todo crime e todo ato são sempre resultados do livre-arbítrio, da vontade e liberdade de escolha. Não devemos confundir acontecimentos materiais da vida com ações da vida moral. A fatalidade é inerente a acontecimentos materiais, cuja causa está fora da vontade do homem, e são independentes da sua ação. Como se vê, não há fatalidade quando se trata de atos concernentes à vida ética. O livre-arbítrio é responsabilidade de cada um, que pode usá-lo como bem julgar correto. No estado de encarnado, o homem delibera, escolhendo entre o bem e o mal, porque ele não é uma máquina.

Quanto ao porquê das desigualdades, recorramos mais uma vez ao insigne mestre Allan Kardec: 'a desigualdade social não é uma lei natural, é obra dos homens. Deus não criou as desigualdades. Essa disparidade é fruto da imprevidência e da ganância dos homens. Sendo assim, os huma-

nos podem mudar o quadro socioeconômico do planeta, revendo programas sociais e educativos'. Enquanto a pobreza cumpre um papel providencial, a miséria degrada, desumaniza, embrutece, violenta e exclui. Por isso, a importância dos trabalhos voluntários dirigidos a crianças de ruas, a idosos e a portadores de deficiência física e mental. No mundo de regeneração, esse tipo de desigualdade definitivamente desaparecerá. Teremos um quadro econômico condizente com os habitantes desse ciclo regenerativo."

Geraldo, dando à voz uma entonação de profunda comiseração por todos os espíritos infelizes, arrematou:

— *Há para os espíritos encarnados de qualquer doutrina, cristã ou não, um campo muito grande para ser arado. Basta boa vontade e espírito de fraternidade. Não se pode dizer que tudo esteja nos devidos lugares. Na verdade, tudo é questão de escolhas. Somos, sem exceção, cocriadores em qualquer dimensão que estivermos, e interferir no progresso é questão que cabe a cada um. O progresso na área moral, em nível de fraternidade e cooperação mútua, já era previsto nas lições dos luminares da doutrina dos espíritos.*

E dizendo isso, o bondoso mentor esclareceu outras dúvidas e encerrou suas explicações. A reunião chegou ao seu término. O grupo retirou-se de alma renovada. Lá fora, brandas luzes afagavam a vista; a cidade espiava a Lua luzindo num ameno silêncio. A noite estava esplendorosa. Enquanto se estendia sobre a Terra dormente o manto negro de estrelas brilhantes, os humanos de mente e coração sintonizados com o cosmo apresentavam o pranto e o riso suave que se confundiam, absorvendo com lucidez as lições de sabedoria. Sim, o mundo tinha jeito. Deus a tudo regia, e os homens, seus filhos, eram cooperadores das transformações. Leo, entre discretas lágrimas e riso tímido, ocultava um sentimento de saudade que lhe visitava a alma sem que ele pudesse discernir. Era saudade das reuniões na colônia que o havia abrigado, quando foi retirado daquela carruagem-fantasma pelo braço amoroso de sua mãe de outrora, aquela que o refugiou no seu doce e terno amor, tornando-o criança para que aprendesse lições de amor e perdão e refizesse caminhos por meio das lições que iria receber para serem executadas no retorno à Terra.

10

Referência específica

Leo tornou-se um grande estudioso dos livros da Doutrina Espírita, mesmo esquecendo que já a conhecia.

No outro dia, quando meditava sobre o que ouvira, observou que o amigo espiritual não tinha feito referência específica sobre a falência da empresa. Falou, argumentou, mas não individualizou o gênero de provas que ele tinha interesse de conhecer. Trabalhara tanto, mas os representantes do mal o venceram com suas falcatruas. Embora tivesse pago tudo aos seus funcionários dentro da lei, eles ficaram desempregados. Lembrava-se das conversas dos novos donos falando em demitir funcionários como se fossem objetos a serem descartados. Ao recordar a bela explanação que acabara de ouvir, associou-a aos homens de negócios destituídos de alma.

Leo não captou imediatamente o sentido da resposta de seu amigo espiritual. No entanto, com seu amadurecimento, mais tarde entenderia tudo. Gostava de ler e meditar sem que ninguém o perturbasse. Em seu escritório, folheando o livro *A Gênese*, deparou com a pergunta: "Qual a utilidade da doutrina moral dos espíritos, uma vez que não difere da do Cristo?". E a seguinte resposta: "Do ponto de vista moral, é fora de dúvida que Deus outorgou ao homem um guia, dando-lhe a consciência que lhe diz 'não faças a outrem o que não queres que te façam'".

"A moral natural está positivamente inscrita no coração dos homens; porém, todos sabem como lê-la neste livro?", perguntava-se Leônidas. "Certamente que não", refletia, "afinal, ainda não nos desfizemos da chaga da humanidade que é o egoísmo. Esquecemos que fomos criados para viver uns com os outros. Quantas vezes, por simples comodismo, resistimos a impulsos nobres que partem do nosso coração?"

E a mente de Leo discorria, alimentada por inspiração do Alto: "Adiar compromissos no campo dos sentimentos fraternos é deixar amontoar antigas aspirações como um mundo menos violento, menos miserável. É preciso sonhar com o auxílio ao próximo, mas é preciso realizar. Ah, meu Deus, de quanta força ainda preciso para concretizar objetivos em função dos meus semelhantes e de mim mesmo! Os impasses devem ser vencidos, não a qualquer preço, mas com inteligência e bons sentimentos. Não é fácil, todavia a fraternidade deve estar presente. Em todo momento de minha vida vou me esforçar para praticá-la sempre".

Interrompendo seus pensamentos, Luísa e João Henrique, que voltavam de um passeio com amigos, entraram no escritório fazendo a maior algazarra.

— Papai! — disseram em coro.

— Você tem um pouco de tempo para nós? — perguntou João. — Ou será que estamos perdendo você para essas leituras? Não se aborrece, não?

— Olá, meus amores, sempre estarei disponível em tempo integral para vocês! Me contem o que fizeram no passeio.

— Ah! A Lu ficou de conversa com um paquera, e mamãe falou para eu ficar de olho nela. E aí, lá se foi o meu futebol. Mas realmente esses caras não são confiáveis, vão logo passando das medidas, e irmã minha não vai ser mira de *playboy*, por isso viemos logo embora.

— Viu, papai, esse 'aborrescente' não me deu folga, ficou ali me enchendo a paciência. Juliano é um ótimo amigo, não há nada entre nós. Estávamos apenas comentando o último encontro na casa de Denise. Ele é um rapaz bem comportado, mas João não nos deixou à vontade e até implicou com ele, ironizando porque ele não gosta de futebol.

— Meu filho, você não está exagerando muito no que sua mãe pediu? Afinal esse menino é um bom rapaz. E também não é nenhum bicho-papão.

— É, conheço bem esse tipo, não podemos dar mole. Se dermos a mão, logo querem o braço inteiro. Não podemos nos descuidar, pressão neles; minha irmã não é para o bico desses caras.

— Alto lá, garoto, que palavreado é esse com sua irmã? Onde você aprendeu a falar tanta gíria?

— Papai, é assim que ele fala comigo perto dos meus amigos só para me envergonhar. Eu morro de vergonha desse jeito machista – resmungou a jovem.

— Vamos melhorar essa linguagem, João? Lu, seu irmão tem ciúme de você, porque, além de ser mais velha, ele a admira e não quer que nada de mal aconteça à sua bailarina preferida.

— Papai, deixe de encher a bola dela, porque o que eu acho mesmo é que ela é uma chata.

— O que é isso, filho, outra vez? Onde aprendeu a falar desse jeito?

— Ora, da convivência com meus amigos. O senhor não vai querer que eu fale de sapatilhas e de balé, não é? — Assim falando, João imitava passos de balé.

— Eu vou te matar! — gritava Luísa, enquanto o garoto corria em volta da escrivaninha, às gargalhadas, perseguido por ela.

Leônidas, atônito com toda aquela confusão, não sabia a quem acudir primeiro. Com voz alta falou:

— Chega, vamos parar já com essa briga. E quanto a você, mocinho, desde quando para ser homem é necessário falar tanta besteira? Ou se portar como um...

— Um o que, papai? ... — filho e pai ficaram se medindo, um esperando que o outro se pronunciasse. — Não vai dizer que tem preconceito com os meus amigos?

— O que é isso, João Henrique? Será que você ainda não me conhece? E há pouco você estava falando mal dos amigos de sua irmã porque não curtem futebol. Isso também é discriminação.

— Pois eu acho diferente, menino que não gosta de futebol é fracote.

— João, você está me saindo um menino intolerante. Ninguém é obrigado a gostar das mesmas coisas.

— É isso, papai! — disse Luísa. — Eu concordo. Não somos obrigados a gostar das mesmas coisas. E esse frangote gosta de se meter em coisas que não lhe dizem respeito. Ele é, sim, infantil e sempre me irrita.

— Papai, ela está me provocando! O que ela pensa que é?

— Vamos colocar ponto final nessa discussão estéril, chega de bobagem. Vocês não vieram conversar civilizadamente comigo?

— É mesmo! — lembrou-se a menina, sentando no colo do pai sob o olhar enciumado do irmão.

— Vem, filho, tem lugar para você também.

— Não! Essa melosa estragou tudo, vou para o meu quarto, que é bem melhor. Está mais arejado!

— Ah! Meu Deus. Filhos, filhos, até quando vão levar essa competição?

— Papai, não sou eu que implico, é ele que concorre comigo. O que eu queria, mesmo, era ter uma irmã para trocar ideias e confidências e não ter esse pingo de gente às minhas costas, como um detetive, fiscalizando tudo, me espionando.

— Agora sim — replicou João — não tem mais jeito, Lu, você passou das medidas. Papai, vou lhe contar o que descobri desta... hum, hum, nem sei como chamar. Papai, leia o diário da melosa: "Meu querido Juliano, você hoje estava lindo com aquela calça *jeans*, como eu gosto de você"... Ha, ha, ha, e tem muito mais, leia, papai, e verá que mamãe tem razão, acho até que já houve uns beijinhos.

— Não acredito que esse moleque mexeu nas minhas coisas! — gritou a menina, raivosa.

— Para o quarto, menino, e chega de mexericos. Você não deve mexer nas coisas da sua irmã. Isso é falta de respeito e educação. E você também, Lu, por favor, vá. Estou preparando uma palestra no centro espírita e quero me concentrar no assunto.

— Está bem, papai, tenho mesmo de estudar para as provas, vou aproveitar para repassar as matérias.

— Minha filha, quanto ao seu diário procure...

— Papai, você não vai acreditar naquele linguarudo, e além disso é crime violar diários alheios!

— Você não me deixou completar a frase. Eu quis dizer para tomar mais cuidado com seus assuntos particulares. Guarde bem o seu diário, está bem assim?

— Papai, papaizinho, você é o melhor e mais compreensivo pai do mundo, e é por isso que o amo tanto!

— Eu sei que sou amado por todos vocês e me esforço para ser um bom pai. Quero vê-los felizes, saudáveis e, sobretudo, bem educados. Vá, vá aos estudos.

Luísa atirou-lhe um beijo afetuoso e fechou a porta do escritório com suavidade, enquanto o pai voltava aos seus interesses referentes à doutrina dos espíritos.

Sarah Kilimanjaro | Vinícius

11

A primavera se ensaia em flores

Primeiro dia de setembro. A manhã era magnífica, e a primeira rosa dos últimos dias de inverno desabrochava sob os raios do Sol, que caíam alegremente por cima dos roseirais nos degraus do terraço. Maria Eduarda, vendo o marido ensimesmado, interrogou-o:

— Não está com fome, querido?

— Acordei indisposto, uma ansiedade me toma o peito, uma aflição na alma. Tive sonhos estranhos e me levantei cansado, abatido, como se tivesse um compromisso inadiável com pessoas não agradáveis ao meu coração.

— Você está me deixando preocupada, mas acho que não precisa se inquietar. Deve ser alguma coisa ligada ao trabalho espiritual desta noite; lembre-se de chegar cedo, pois temos compromisso com a reunião mediúnica às vinte e trinta.

— Sempre é prazeroso para mim ouvir e falar com nossos amigos espirituais. Está bem, se não for isso, devem ser, como sempre, os negócios.

— Será? A creche da nossa nova fábrica vai muito bem. Até hoje não houve reclamação de ninguém, e os negócios também estão em franca ascensão, graças a Deus.

— Deixe para lá, querida, deve ser o *stress* de todo santo dia. Fico pensando nos congestionamentos que sou obrigado a enfrentar, e isso acaba deixando meus nervos à flor da pele. Estou pensando que poderíamos nos mudar para um local mais tranquilo...

— Mas você não é assim todo dia. De manhã costuma estar disposto, feliz... Hoje está diferente.

— Está bem, minha querida, você está certa. Só que não tenho uma resposta para esse cansaço que me tomou de repente. Mas tudo bem, sou forte para superar esse desconforto. Está na minha hora, tenho de ir. Vá à creche e depois dê uma chegada ao meu escritório, ok? Prometo chegar cedo para irmos à reunião.

Leo beijou a esposa e, depois de deixar os filhos na escola, seguiu para o trabalho. Involuntariamente, começou a pensar na cena que vira outro dia, do homem puxando uma carroça com duas crianças encolhidas nela. Sentiu-se mal com aquela recordação. "Por Deus! Não posso consertar o mundo, e por que esse mal-estar ante um problema que não me diz respeito? Trato meus funcionários com respeito e dou-lhes toda a assistência de que são merecedores, mas por que essa sensação? Se encontrá-los novamente vou parar o carro e saber da vida deles. Assim vou ficar mais sossegado com a minha consciência. Vai ver que no passado passei por isso também."

Entretanto, o dia no escritório correu bem, sem nenhum incidente. Olhando pela grande janela da sua sala, ao entardecer, Leo pensava: "Precisamos valorizar cada momento do presente, como a grande manifestação da vida e a oportuna possibilidade de realização, pois, segundo o Espiritismo, a vida é a grande mestra nos permitindo rever conceitos e mudar atitudes, sem nada nos proibir; todavia nos prepara para as responsabilidades das nossas ações". Enquanto ele refletia sobre sua vida antes e depois de conhecer a Doutrina Espírita, sua secretária o avisou do fim do expediente.

— Os vigias já chegaram, Paula? Preciso sair logo, pois tenho um compromisso urgente na casa espírita. Sinto que vou resolver uma antiga pendência. Ah! Por favor, ligue para o meu cunhado e diga-lhe que mais tarde passarei na casa dele para pegar minha irmã e levá-la à reunião.

— Nossa, senhor! Não pensei que se envolvia com essas coisas. Convenhamos... Isso não combina com o senhor, um alto executivo.

— O que é isso, discriminação? Não esqueça que vivemos em outros tempos. A filosofia de vida pela qual optei conduzir meus passos não tem nada de horrível nem pode ser banalizada. A doutrina que escolhi nos fala de liberdade e responsabilidade, sem dogmas incompreensíveis e misteriosos. Não nos ilude sobre nosso destino, como tantos enganadores que se propõem a adivinhar o futuro, mas ilumina nosso pensamento sobre este mundo de diversidade. Somos o que pensamos e agimos.

— Tudo bem, doutor, foi apenas uma opinião. Quem sou eu para dar palpite na vida dos patrões...

— Opa, moça, não vá pensar que a estou censurando. Surpreendeu-me. Apenas isso, mas vá lá. E os seguranças?

— Ah, já chegaram e estão nos seus postos, ligaram os alarmes e acionaram as câmeras.

— Então está na minha hora. Vamos, porque só sobramos nós neste prédio. Mas não se esqueça antes de avisar Raul de que passarei em sua casa.

— Está bem, doutor, não esquecerei. Eu também tenho compromisso, minha avó está no hospital, e vou aproveitar para conversar com o médico sobre seu estado. Temo pela sua vida. Fumou muito e agora há suspeita de enfisema pulmonar. E não foi por falta de aviso nosso. Ela é teimosa. Diz que se há de se morrer de alguma coisa, pelo menos de algo que dê prazer. O cigarro é seu único companheiro de todas as horas.

— Isso é um caso sério. A propaganda em torno desse veneno ilude as pessoas, dando a elas falsos prazeres. Bem, faço votos de que sua avó se restabeleça e não volte mais a fumar. Futuramente nos engajaremos em campanhas contra o tabagismo e demais drogas. Convidarei todas as casas espíritas para um grande evento por meio do departamento de assuntos de família.

Ao pronunciar a palavra família, Leo foi tomado por intenso mal-estar. Com tontura e náusea, precisou ser amparado pela secretária para não cair.

— O que houve, senhor? Não está se sentindo bem?

— Não sei, de repente parecia que eu tinha perdido o chão. Mas já está passando... Deve ser o *stress*. Preciso tirar umas férias com a família!

E novamente a palavra lhe trouxe o mesmo desconforto. Mas dessa vez ele não alardeou à secretária. Apenas pediu um copo de água e em seguida se despediu. Sua empresa, com foco na fabricação e venda de peças automotivas, ainda estava no início, porém crescia a olhos vistos. Ainda tinha poucos funcionários e alguns especialistas na área de projetos, como Raul, que entrara para ajudar o negócio a crescer.

Leo rumou para casa com o coração apertado. Mil pensamentos passavam pela sua cabeça. Receberia alguma notícia ruim sobre os filhos? Será que tinham sido assaltados ou sofrido algum acidente? E o bebê? Teria acontecido algo com ele e a babá? Ansioso, pisou no acelerador, quando ouviu nitidamente alguém lhe assoprar ao ouvido: *"Isso, sofra, fique na dúvida. Quem sabe não vai encontrar uma desgraça, morte, doença à sua espera? É o que você merece"*. Quando se deu conta, havia ultrapassado muito o limite da velocidade. Uma viatura da polícia o seguira e o obrigou a parar, aplicando multa por excesso de velocidade. No entanto, Leo sentiu que a parada fora providencial. Respirou fundo, acalmou-se daquela obsessão sem propósito e previu que a reunião mediúnica tinha a ver com ele mesmo.

"Tudo bem, eu aguento, tudo ao seu tempo", pensou. E, ao dar partida no carro, desconectou os pensamentos tormentosos e encheu a mente com ações ligadas à assistência social do centro espírita. Ligou o som numa música suave, que o ajudou a se livrar das baixas vibrações. Sentiu como se uma voz doce o alertasse: *"Que as próximas horas sejam de paz; creia Nele para que suas palavras tenham leveza, calma e doçura. Precisará delas em forma de boas energias. Não esqueça que a vida é resultado das nossas próprias escolhas. Tudo dá certo quando resolvemos solucionar os equívocos"*.

E, instantaneamente, a carruagem-fantasma se apresentou à sua visão psíquica com aquele homem segurando uma garrafa de champanhe e uma taça, com a qual, de minuto em minuto, entornava a bebida... imagem que o atordoava desde menino, que o deixava-o fora do prumo, amedrontado. Com o coração oprimido e a respiração ofegante, uma angústia tomou-lhe o peito. E então uma voz doce e cariciosa lhe falou aos ouvidos: *"Ore, meu filho, junte-se às vibrações de Jesus. Ele refrigerará sua alma atormentada e será sua fonte de coragem e esperança. Persevere em boas vibrações e bons pensamentos, ferramentas para colocar qualquer um em sintonia com o cosmo em equilíbrio"*.

12

A acusação de um desencarnado

A noite estava repleta de sons calmos e misteriosos. As flores tomavam conta do ar, como se a Terra, na sua quietude, fosse chamada a voltar a si por todos esses perfumes. As estrelas enfeitavam o azul-escuro do céu, e uma aragem suave marcava presença entre pessoas, árvores e jardins. Era a natureza, esplêndida de vida.

Leo, Duda e Estela entraram na casa espírita, que naquele dia se dedicava à comunicação com os espíritos por meio de sessões mediúnicas. Vinte e cinco pessoas formavam o grupo, entre médiuns, diretores e doutrinadores; havia também uma equipe de sustentação das vibrações harmônicas.

Antes das vinte horas todos já se encontravam no recinto e conversavam sobre os estudos da Doutrina Espírita. O tema em pauta era sobre fluidos, percepções, sensações e sofrimentos dos espíritos, assuntos abordados nas obras *O Livro dos Espíritos* e *O Livro dos Médiuns*.

Havia entre as pessoas camaradagem e afinidade. O ambiente era harmônico, e os participantes, esclarecidos das causas mediúnicas e conscientes de suas responsabilidades. Como é de praxe em centros espíritas organizados e responsáveis, cujo objetivo é promover caridade e renovação, ali a conversa era de alto teor edificante.

Do nosso lado, na dimensão espiritual — como se convenciona dizer ou escrever, porque ela é invisível aos olhos carnais, mas ainda é matéria — participávamos da mesma serenidade. Teríamos um encontro fraterno com nossos irmãos encarnados, embora houvesse psicofonia de adversários e entidades infelizes.

Aproximava a hora de entidades espirituais e encarnados depararem com amigos e desafetos. Juntos, penetramos num local fracamente iluminado, propício à concentração e à reflexão. Todos estavam silenciosos, o diretor da reunião fez uma prece e começou uma lição previamente lida sobre amor e esperança.

Carlos Flávio, o diretor da reunião mediúnica, um homem ainda jovem, de aproximadamente quarenta anos, simpático, de invejável bom humor e inteligência, e de grande coração, foi o primeiro a falar:

— O assunto em pauta pode ser discutido em casa, entre os familiares, com mais profundidade, quando se poderá falar também da fé como ferramenta da razão, como nos leciona Kardec em seus livros.

Após as palavras esclarecedoras e de bom senso do coordenador espiritual e a preparação para o abençoado intercâmbio com a esfera espiritual, deu-se o encontro entre as duas dimensões numa sintonia harmônica, primeiramente pela visão e audição. A seguir, pela contribuição dos médiuns psicofônicos[11].

Até então tudo corria bem. Os conselhos eram oportunos, e as

---

11. Médiuns psicofônicos ou falantes permitem aos espíritos a utilização dos seus órgãos vocais sem necessariamente ter a consciência do que dizem. Leia mais sobre o assunto na questão 166, de *O Livro dos Médiuns*, de Allan Kardec (Petit Editora, 2004).

explicações, esclarecedoras. O público, muito maior no nosso mundo espiritual, trazia, além de instrutores e mentores, espíritos enfermos que aguardavam sua vez para participar do mundo físico mediante a psicofonia. Com os médiuns havia atendentes ocupados em manter a ordem e a harmonia em recinto tão heterogêneo. Não nos intimidavam as emissões das entidades infelizes porque tudo estava sob controle. Nossa presença se fazia em outra faixa vibratória.

Naquela noite sabíamos que Leônidas Cassal Barros iria recordar seu passado. Dona Laurinda, no mundo espiritual, estava um pouco ansiosa. Desejava reparar um mal que havia cometido vinte anos atrás. Uma injustiça que agora queria consertar.

Concluída a primeira etapa de exortação, passou-se de imediato ao atendimento aos necessitados encarnados que estavam passando por tratamento espiritual. Após essa tarefa, dariam início aos trabalhos com os espíritos que aguardavam para serem orientados a respeito de sua condição, isto é, de que não faziam mais parte do mundo físico. Entre eles, havia adversários dos próprios encarnados e outros enfermos que esperavam com impaciência sua vez para falar de suas necessidades e da saudade de amigos e parentes, uma vez que ainda não tinham se adaptado à dimensão extrafísica.

Leo saiu da sala, acompanhado de Maria Eduarda, pois não fazia parte do grupo de desobsessão. Tinha de aguardar os trabalhos terminarem e logo mais receberia orientação sobre os acontecimentos da noite. Carlos acompanhou o grupo que saiu. Após a saída de todos, iniciou-se a segunda parte dos trabalhos: a de orientação dos espíritos que não sabiam de sua condição; dos espíritos que sabiam, mas queriam permanecer no mundo físico; e dos sedentos de vingança, como era o caso do espírito de uma mulher negra, de aspecto robusto, que surgiu entre eles. Descalça, usando um turbante de tecido gasto pelo tempo e uma saia preta, refletia ódio nos olhos. Tal a perturbação em que se encontrava, que o espírito da mulher não percebeu que Laurinda a acompanhava. Fora ela, aliás, que a retirara do gueto onde morava e no qual se dedicava a praticar o mal.

Nesse instante, Leônidas, que estava na outra sala concentrado, começou a se sentir mal, com tontura, náusea e falta de ar. Suando frio, pensou que estivesse com algum problema cardíaco. Levantou-se e saiu do recinto. Sua esposa o seguiu.

— O que você tem? Está pálido, não está se sentindo bem?

— Eu não sei o que está se passando comigo, acho que vou ter um infarto.

— Precisamos levar você ao hospital imediatamente.

Carlos, que acompanhava o casal sob a influência do benfeitor Geraldo, acalmou-a com benevolência, mas firmeza:

— Você não confia em nossos benfeitores, Maria Eduarda?

— Sim! — disse ela, aflita. — Acontece que meu marido nunca sentiu nada disso. Estressado como vive, é bem possível que esteja perto de ter um ataque cardíaco.

— Tenha confiança, pois estou a par dos acontecimentos desta noite. Destacarei um médium para ministrar energias ao Leo por meio de passes.

Enquanto isso, na outra sala, o médium que liderava os trabalhos estava equilibrado e firme para conter as emissões deletérias da entidade, que alucinava e esbravejava.

— *Ele, Leônidas Cassal Barros, não me escapa. É a vingança que me põe desperta e forte. Há de pagar bem caro o que fez à minha filha Liana, moça cheia de ilusão, que ele desgraçou, aquele infeliz molestador de jovem pobre e desamparada. Ele a desonrou e a largou na rua da amargura. Eu serei implacável na minha cobrança e o verei desonrado, derrotado, fracassado. Esta é a alma dilacerada de uma mãe que não tem descanso nem no além-túmulo. E como poderia, vendo a filha querida descer na mais funda lama da prostituição e da bebida, cada dia degradando-se mais e mais?*

Leo, do outro lado, sentia um mal-estar cada vez mais forte. O médium destacado a ampará-lo começou a lhe aplicar passes, e ele foi se acalmando aos poucos. Enquanto isso, os trabalhos prosseguiam com o doutrinador tentando ajudar aquele espírito com tanta mágoa no coração.

— *Ele é um desgraçado, se minha filha está no fundo do poço, foi porque ele a jogou lá.*

— A quem se refere? – questionou o médium.

— *Pois vou lhe dizer. Ele é um molestador.* — Sua voz era ríspida e carregada de rancor. — *Eu trabalhava na casa da família dele e tinha uma filha de quatorze anos, com quem aquele sem-vergonha vivia puxando conversa. Hoje minha filha mora num lugar tão pobre, que até os bichos fogem de lá. Está doente, tuberculosa, e não consegue parar de fumar. Tem três filhos com um companheiro e teima em falar do passado que a desgraçou. Saímos daquela casa pela porta dos fundos, praticamente escorraçadas pela mãe dele, que, prevendo a gravidez de minha filha, livrou-se de nós, oferecendo-nos dinheiro. Inconformada, com um amor doentio por ele, minha filha provocou o aborto e passou a viver de modo irresponsável, bebendo e vivendo em festas. Acabou se prostituindo, até encontrar um homem, catador de lixo, que a assumiu e que a ama, apesar das suas fantasias. Ela nunca esqueceu Leônidas, por isso eu o culpo. Ela vai morrer, e ele é o culpado. Meus netinhos vão ficar na penúria. Como não vou odiá-lo e desprezá-lo se tudo começou na casa dele e por causa dessa irresponsabilidade?*

Laurinda, emocionada, vertia lágrimas ao ouvir a confissão da antiga serviçal, que se expressava com tanto amargor, acusando injustamente seu filho. Afinal fora ela quem as dispensara sem que ele tomasse conhecimento de nada. Na época, o filho não estranhou quando soube que Mércia partira para o interior com a filha, na cidade onde o marido tinha conseguido um bom emprego. Sim, aquela era Mercinha, sua antiga auxiliar, que tinha uma filha a quem Leo tinha apelidado de Mel por achá-la doce e delicada. De fato, o filho jovem e cheio de impulsos sentia atração por Mel. Todas essas lembranças passaram num átimo pela mente de Laurinda, que agora queria reparar seu erro. E aquele espírito cheio de revolta prosseguia:

— *Não se faça de desentendido, pois com certeza você também já sabe o que aconteceu* — falava rispidamente, dirigindo-se ao doutrinador. — *Será que ele, sabendo da gravidez de Liana, iria assumi-la diante de uma sociedade preconceituosa com negros e pobres?*

Um outro médium vidente divisou a mãe de Leo e descreveu sua emoção e o pedido de desculpas pelo embaraço em que colocara o filho.

O doutrinador, enquanto falava com aquele espírito ainda tão revoltado, ia aplicando passes, que foram acalmando seu coração; e então Mércia acabou adormecendo e pôde ser auxiliada pelos espíritos socorristas.

Ao final da reunião, que terminou com muita emoção, Leo foi informado sobre o que tinha acontecido.

— Meu amigo, embora você não soubesse à época quanto mal causou à moça, é preciso consertar isso. Agora você e sua esposa voltem para casa na paz de Jesus. Se precisarem de mim, estou à disposição – disse o doutrinador.

*

Quando, anos atrás, Laurinda tomou conhecimento dos encontros de Leo com a filha da doméstica, ficou em pânico. Suspeitou que o mais grave iria acontecer, e não deu outra: Mel engravidara de seu filho. Para se livrar do que considerava um incômodo, Laurinda dispensou a empregada sem que o filho soubesse. Mas é verdade que se condoeu ao ver a funcionária, com os olhos cheios de lágrimas, ouvindo suas argumentações:

— Desculpe-me, mas não sou eu quem faz as regras. A sociedade é assim. Meu filho tem de concluir os estudos, fazer faculdade, se formar e tomar conta dos nossos negócios. E sua filha iria atrapalhá-lo. Tanto um quanto o outro são jovens, vão superar essa experiência, que não é mais do que o calor da juventude. Com certeza, com sua capacidade de gerir uma casa, logo encontrará quem a empregue, ainda mais com esta carta de recomendação.

Laurinda lembrava-se na reunião mediúnica de tudo o que tinha feito àquela pessoa amiga e companheira que a ajudara a criar seus dois filhos. Martirizava-se: como tivera coragem de agir com tanta crueldade, justamente com alguém que jamais lhe fez mal? Pelo contrário, só lhe deu o suor do trabalho e companhia fiel? Doíam-lhe as palavras amargas que havia dito à funcionária naquela época e que lhe ressoavam na mente como um martelo acusador, batendo sem parar em sua consciência. Agora estava presenciando o estrago que havia feito àquela família.

A reunião havia terminado, e Laurinda voltou ao posto de socorro, localizado bem acima da instituição espírita, acompanhando Mercinha. Após longo sono reparador, ela seria tratada pela antiga patroa, que a ajudaria a se desvencilhar das energias nefastas que ainda trazia em seu corpo espiritual. Depois disso, Laurinda iria ajudar o filho a localizar Liana para dar-lhe assistência necessária, sob todos os aspectos.

13
Aula de evangelização

E os dias seguiram-se um após o outro. A vida professa sua continuidade sem postergar nada. Caminha sem tropeços. A vida é universal, absoluta e infinita. E nossa história, em qualquer plano, somos nós que criamos.

Numa tarde de sábado, Leo levou seus dois filhos à escola de evangelização da casa espírita. Luísa, a filha mais velha e a mais comportada deles, levava a sério o compromisso de aprender a Doutrina Espírita. Já João Henrique, garoto irrequieto, ávido por esportes, especialmente futebol, não era muito chegado aos estudos. Entraram no carro, para variar, alfinetando-se:

— Puxa, pai, sábado é dia de jogo com meus amigos. Meu time vai perder se eu não for. O "papai" aqui é o lateral esquerdo mais treinado para levar o timaço para a final do campeonato. Essa história de reencarnação e de falar com os espíritos é coisa para "babaca" como a lindinha aqui — e aponta para a irmã. — Eu não tenho nada a ver com essas coisas de Espiritismo, foi você que escolheu isso aí. Eu escolhi o futebol. Meus amigos vão me cobrar o compromisso e vão ficar furiosos porque falhei outra vez.

Leo dirigia o carro ouvindo as lamentações do filho e os resmungos da filha ao irmão. E respondeu:

— Futebol tem todos os dias, na escola, no recreio e nas aulas de educação física. A aula de evangelização é aos sábados e dura apenas uma hora, que não vai atrapalhar seu esporte. Quando os convidei para participar, nenhum de vocês colocou empecilho. Por que isso agora, João Henrique?

— Ah! É porque justamente hoje tem uma preliminar para o campeonato, e eu não posso faltar, pô. E aquelas aulas de evangelização são chatas, me dão sono quando ouço aquela professora falar... falar... Unhrrr, que chatice. Pra que ficar ouvindo aquilo tudo? Afinal não vou ser padre. Pai, não gosto dela. Só diz o que não podemos, mas não o que podemos. Na cabeça dela deve ser horrível o que podemos.

— Ah, então é assim, não gosta mais de Juliana? Agora ela é chata? Mas não foi o que me disse tempos atrás. Você a achava muito legal, e as aulas, divertidas.

— Não, é a outra que substituiu a Juliana quando ela estava doente.

— Bem, mas hoje vai ser a Juliana quem irá ministrar a aula, e ouvi dizer que vai ter novidades para os jovens. Um grupo está preparando uma peça em comemoração aos sessenta anos de fundação da entidade. Maristela, a coordenadora da festa, me perguntou sobre uma possível participação sua. Parece que você vai ter um papel bem legal.

— Hum, papel...

— Papai — disse Lu —, também estamos preparando uma apresentação de dança para o aniversário da nossa querida casa espírita.

— "Nossa querida casa espírita" — imitou João Henrique,

com voz melosa, zombando da irmã. — Eu sei muito bem por que você está toda prosa. É por causa daqueles caras com cabelos de roqueiro. Veja bem, papai, essa garota ainda vai nos dar muito trabalho, e eu não dou conta de tudo, tenho de ficar de olho nela na escola e agora fazer plantão na casa espírita também?

— Mas quem autorizou você a dar uma de detetive na vida de sua irmã? Ela está bem grandinha para ser espionada e, além do mais, sabe se cuidar, não precisa de ninguém para dizer o que pode ou não fazer. Sua mãe e eu é que podemos dar palpite na vida dela, você não, entendeu?

— Eu sabia que ia sobrar para mim e que você iria defendê-la. É sempre assim, ela sempre ganha, e eu fico em segundo plano. Quando meu irmãozinho crescer, ele vai ser meu amigão e vai me dar cobertura, porque "nesta jogada" eu estou sozinho.

— Filho, filho, você só fala gírias. Vai chegar o dia em que terá de traduzir o que fala.

— Sou um incompreendido nesta família, ninguém entende minhas boas intenções.

Quando chegaram à entidade espírita, dezenas de jovens já os esperavam. Assim que Leo estacionou o carro, dois grupos se dirigiram a eles, naquela alegria própria da adolescência. Mal colocou o pé no chão, e João foi cercado pelos amigos, o mesmo acontecendo com Luísa.

Leo olhou com ternura para os filhos. Naquele agrupamento em frente ao seu carro ele não era a pessoa mais importante. Depois de um "olá, tio", o grupo se dirigiu para a porta do recinto, cheio de ideias e assuntos dos mais diversos.

Enquanto os jovens eram acolhidos pelas evangelizadoras, Leo dirigiu-se à biblioteca, onde teria uma reunião com a coordenadora Cecília, responsável pelo programa de campanha educativa, junto com o presidente da casa e mais dois assessores.

Ao entrar na ampla biblioteca, viu Fernanda atrás do balcão. Ela era a responsável por organizar os empréstimos dos livros. Ao vê-la, Leo sorriu, alegre:

— Boa tarde, jovem! Hoje vim para uma reunião com o pessoal da campanha educativa.

— Ah, sim! Eles já estão esperando pelo senhor – e apontou para um lugar reservado, onde o grupo o esperava.

Para reter Leo por mais alguns minutos, ela lhe perguntou, sorrindo:

— O senhor não quer um cafezinho?

— Oh, sim, claro, um cafezinho vem a calhar. É de graça?

— Os sócios da casa pagam um preço simbólico, os outros têm de pagar o preço convencional.

— Ótimo, obrigado! Agora tenho de ir — e carregando o café, seguiu em frente em direção à roda de amigos, cumprimentando todos com alegria.

— Bem, começaremos a falar sobre a campanha contra o fumo entre adolescentes, não? — questionou a coordenadora.

— Isso mesmo! Precisamos mobilizar todo mundo, começando pelos nossos departamentos e depois levando o projeto para todas as casas espíritas, escolas, instituições públicas e religiosas. Pensei também em conseguir apoio da imprensa, como jornais, revistas de grande circulação, rádio e televisão para fazermos uma grande divulgação. Afinal, é um problema que atinge a todos. Quem sabe proporcionar debates, pesquisas, trazendo médicos, educadores, e até jovens para o diálogo? Ontem, ao voltar para casa, vi crianças fumando na rua. Elas não deviam ter nem sete anos. Incrível, não? Foi aí que aumentou meu desejo de expandir nosso programa "não fume porque cigarro mata".

— Leônidas, o problema é que jornais, revistas e televisão publicam propagandas milionárias sobre o quanto é bom fumar, sobre o quanto isso traz status e sucesso — disse Cecília. — É preciso mostrar a verdadeira face do cigarro[12].

— Não importa, temos de lutar e fazer o corpo a corpo. Não podemos esmorecer. Bem, vamos dividir o projeto em etapas e destacar os objetivos gerais, principais e específicos. Depois vamos mostrá-lo a diretores e professores de escolas. Com certeza teremos adesões.

— Escute aqui, meu entusiasta antitabagismo, não se esqueça de que todos nós trabalhamos e temos de cumprir horário. Como vamos sair dos nossos empregos em hora de serviço? Além disso, vai ser difícil conseguir pessoas para nos ajudar — questionou um dos participantes da reunião.

— Compreendo, mas se planejarmos bem tudo vai dar certo. Podemos fazer isso nos sábados à tarde, nos domingos e nas folgas. Não se estressem, o importante é termos entusiasmo e perseverança. Precisamos fazer cartazes, encartes e folhetos e espalhá-los por todos os lugares. E se conseguirmos pessoas influentes e com credibilidade na política e na sociedade para nos ajudar, a campanha vai dar certo, sim. E também acho que a espiritualidade com certeza nos dará cobertura. Afinal, é um projeto nobre e de grande alcance. Mas não podemos apenas esperar por ela. Temos de dar nossa contribuição como espíritos encarnados. Façamos a nossa parte. Não podemos iniciar um plano com medo do fracasso.

— Está bem, você nos venceu! – respondeu o mais receoso do grupo, mas já empolgado pelo discurso de Leônidas Cassal Barros.

Enquanto isso, do seu lugar, Fernanda atendia as pessoas que procuravam a biblioteca e olhava o grupo discretamente, concentrando atenção em Leônidas, por quem tinha muita admiração.

---

12. Esta história foi ditada para a médium nos anos 1990, quando as propagandas de cigarro ainda eram divulgadas nos meios de comunicação.

A conversa se estendeu por um bom tempo. Nosso grupo do lado de cá – dos espíritos desencarnados — acompanhava a empreitada, estimulando, inspirando e dando sugestões. Estávamos satisfeitos com o encaminhamento do assunto em pauta. O programa planejado na nossa esfera iria tomar grandes proporções, influenciando o governo federal na criação de leis que restringissem a propaganda de cigarros. O objetivo era mostrar os malefícios e as doenças graves causadas pelo cigarro, como o câncer, por exemplo.

Ainda não haviam acabado, quando Leo viu seus filhos entrarem, com passos ligeiros, felizes.

— Papai — disse Luísa — posso ir com o meu grupo ao Instituto de Menores ensinar canto para os meninos de lá?

— E eu vou para ensinar futebol e algum truque para aqueles caras — afirmou João Henrique

Quando seus filhos chegaram perto do grupo, alvoroçados, querendo o consentimento do pai, Leo, um tanto constrangido com a linguagem do filho, foi logo censurando-o:

— Menino, isso é jeito de se expressar?

— Mas, pai, aqui meus amigos também falam assim.

— Ah, meus amigos, perdoem esses "pré-aborrescentes".

— Deixe para lá, nós também vivemos os mesmos problemas. Precisamos entendê-los, não se esqueça de que são a nova geração, quiçá, no futuro, nos darão lições — falou Carlos, bem-humorado.

— Papai — disse Luísa —, sairão dois micro-ônibus, tenho certeza de que vai ser legal, e as evangelizadoras vão também.

— Está bem, podem ir, mas vou esperá-los aqui.

— Não precisa, porque eles vão nos deixar em casa. Vamos ficar umas duas horas.

Em seguida saíram rapidamente, alegres, pois iriam fazer algo diferente naquele sábado.

O lançamento da campanha antifumo foi um sucesso. Vê-se o resultado nos dias de hoje, em que as propagandas de cigarro são proibidas em rádios, jornais e revistas, e até mesmo em pontos de venda. Foi assim que a espiritualidade estendeu pela Terra a compreensão do tamanho prejuízo que o cigarro produz sobre o organismo humano.

Assim, amigo leitor, estamos caminhando nessa transição para um mundo melhor até chegar à Regeneração. Há muito para fazer, mas não podemos queimar etapas; a natureza não dá saltos. De campanha em campanha, por meio do engajamento de ONGs e de entidades confiáveis e honestas, nosso planeta vai se regenerando.

14

Fascinação amorosa

Fernanda era uma moça tímida. Tinha vinte e nove anos e quase nenhum atrativo físico. Muito magra e alta, tinha certo complexo por causa da altura. Vivia com o corpo arqueado para a frente, como se quisesse o tempo todo descer de um degrau imaginário. Os olhos negros se destacavam no rosto magro e irregular. Assídua frequentadora da casa espírita, estava sempre à disposição da diretoria para prestar algum serviço. A timidez a fazia corar por qualquer coisa. Seus olhos estavam sempre baixos e nunca enfrentava as pessoas de cabeça erguida. Parecia guardar um segredo que temia ser descoberto. Leo sentia-se incomodado com sua presença e constrangido, pois em muitas ocasiões havia percebido os olhares de Fernanda examinando-o atentamente. Olhares que ele não sabia traduzir se eram de admiração ou paixão. Sempre que podia, Fernanda estava ao seu redor, ora na biblioteca, ora na secretaria, ora nas reuniões de estudo. Ela sempre dava um jeito de se aproximar dele, como uma sombra.

No começo Leo não dava importância. Tinha pena dela. Achava-a solitária e acanhada. O centro espírita certamente era seu refúgio. Todavia, com o passar do tempo, por causa da insistência dela em forçar uma aproximação a todo momento, uma aflição começou a tomar conta dele.

No trabalho, começou a pensar nela com certa assiduidade. Emoções de ternura e fantasias tomaram seu pensamento. Começou a achá-la até mais bonita e passou a desejá-la inconscientemente. Conflitos de ordem moral se instalaram em sua mente. De um lado, a consciência lhe falava sobre a inconveniência daquelas sensações inoportunas. Por outro, as emoções e pensamentos torturantes lhe insuflavam a atração. Uma paixão tomou conta de repente e o cegou. Ele lutava contra aquelas sensações. Sabia que eram sem sentido e irracionais, mas sentia-se envolvido pelos pensamentos da moça, que confundia fraternidade e consideração com envolvimento amoroso. Leo orava e pedia assistência aos bons espíritos para que aliviassem a carga emotiva que Fernanda investia sobre ele. Temia falar com alguém e ser mal interpretado. Afligia-se e já não tinha mais a espontaneidade que lhe era peculiar quando entrava na casa espírita e a encontrava na recepção. Para driblá-la, começou a trocar suas horas de labuta na casa espírita. Carlos, o diretor, observou a tristeza do amigo e suas faltas e estranhou, pois ele era um trabalhador assíduo, pronto para substituir quem não pudesse comparecer. Chamou-o para conversar em um lugar discreto e foi direto ao assunto.

— Vamos lá, amigo, o que o atormenta ultimamente? Vejo-o triste e deprimido. Alguém o magoou aqui na casa, ou são problemas familiares?

— Hum! É constrangedor falar no assunto, que pode ser apenas impressão, mas atualmente tenho notado que uma moça, trabalhadora daqui, tem interpretado mal minhas atitudes, e isso me causa desalento, porque não quero magoá-la. Só que a persistência dela em me perseguir por toda parte vai trazer sérios problemas para mim e para ela. Por isso, tento minimizar a situação, mas já está quase insustentável. Sempre que alguém pode assumir minhas tarefas aqui, evito aparecer. A verdade é que sempre que a encontro tenho um baque no coração, coisa que não é natural e, pior, não fico à vontade. Quero sair o mais breve possível, o ar me falta, e minha espontaneidade também. Quando estou dirigindo uma sessão de estudo, ao dar com sua presença, as ideias me fogem e gaguejo, pode isso? Parece que estou sob influência nefasta.

— Hum, muito bem — disse Carlos. — Você não quer me dizer de quem se trata? Facilitaria meu auxílio.

— É deselegante de minha parte acusar uma pessoa só porque fico intimidado com a presença dela. Deixe para lá, se não passar disso, acabo me acostumando.

— Bem, entendo seu lado, mas assim mesmo vou averiguar para ajudá-lo.

15
Reencontro

Leônidas (*Richard*) trazia na alma quedas emocionais e desatinos de outras encarnações as quais deveria na atual existência resolver e resgatar por meio de uma vida de retidão e honestidade, compreensão e tolerância. E logo estaria sendo posto à prova.

Numa noite ele entrou em profundo mergulho no passado. Consciente das responsabilidades e compromissos do tempo presente, passou a discutir com um personagem de sua vida pregressa:

— Não, Christie, você não vai me levar à loucura. Não vou trair Maria Eduarda por um capricho leviano, não desta vez. Escolha outro para satisfazer suas loucuras; para mim chega. Já coloquei ponto-final neste relacionamento e não quero começar tudo de novo por causa do seu incontrolável desejo de colecionar admiradores. Chega, chega, sofri demais por tudo que pratiquei ao seu lado quando você era cortesã[13]. Você viveu como uma rainha, rodeada de políticos ávidos para derrotar quem estivesse em seu caminho. Por isso se tornou uma pessoa fria, traidora, desejosa de dinheiro e poder. Fui um de seus amantes, mas nosso relacionamento era uma farsa. Jamais esquecerei as afrontas que fez à minha mulher, Melanie, indo à minha casa perguntar por mim. Mas também lamento profundamente tê-la usado, quando desencarnei, para atingir meus inimigos. Por seu intermédio, passei-lhes palpites errados. E depois que você morreu continuei usando-a para destruir meus adversários. Mas hoje sei que eram pobres espíritos que teriam de ressarcir seus erros como eu também resgatei os meus a duras penas. E estou aqui de volta neste mundo para ajudar o planeta.

A alma de Christie Miller Beroldy chorava copiosamente. E continuava ele com certa aflição:

— Você quer revanche, por quê? Vingança para quê? Agora estou livre de seus encantos, da sua persuasão. Saiba que o fato de não possuir mais os atrativos físicos como os de outrora, na Inglaterra, não minimizou seu poder sedutor. Ele ainda está nas entranhas do seu perispírito, mas, para mim, terminou. Graças a Deus estou livre da sua presença ardilosa. Por isso, deixe-me ajudá-la fraternalmente. Reatemos a amizade e respeitemos esse sentimento como seres adultos. Seja nossa amiga. Maria Eduarda a amparará em qualquer circunstância, porque sua alma não agrega rancor.

— *Não* — respondeu ela, com azedume. — *Mil vezes não! Não quero a piedade de vocês. Prefiro o desprezo à compaixão, já basta uma vida*

---

13. Cortesã: conforme os usos do século 18, era o termo utilizado para se referir às mulheres que se associavam aos ricos e poderosos para obter deles luxo, bem-estar e status na corte, em troca de companhia e favores. A própria palavra cortesã está associada à palavra corte, como sinônimo dos nobres que podiam ter contato direto com a realeza.

de privação e desamor. Não fui feita para ser descartada, ignorada. Não suporto ser menosprezada. Infeliz de mim que não tenho amigos nem um amor verdadeiro.

E assim fugiu para abrigar-se no aconchego do corpo encarnado. Fernanda acordou molhada de suor, com o coração aos pulos, como se tivesse tido um pesadelo. Seu pai de vidas passadas a abraçou com carinho, transmitindo energias balsâmicas, infundindo-lhe bem-estar e confiança: *"Durma, querida, velarei pelo seu sono, você está protegida, nada de mal vai lhe acontecer".*

Fernanda (*Christie*) tornou a dormir no colo paternal, confiante. Ninguém está fora da misericórdia de Deus, há sempre alguém velando pelos humanos, seja qual for a categoria de sua evolução. Com Fernanda não era diferente. Se os humanos soubessem do muito trabalho que dão aos seus benfeitores, reprimiriam as más ações e retornariam ao caminho da lisura e da moral, minimizando o processo de ajuste e reajuste nas encarnações futuras.

Mas, afinal, quem é essa personagem que busca Leo até no descanso da noite, em desprendimento? Numa reencarnação trazemos os prós e os contras das experiências passadas e, com as ferramentas da fraternidade, da tolerância e da compaixão, podemos reverter o mal feito.

16
Fernanda

Christie Miller Beroldy, no momento vivendo como Fernanda, passaria por grandes provações para resgatar sua vida fracassada no passado, quando feriu, magoou, traiu e humilhou muita gente na Inglaterra do século 18. Cortesã mantida por lorde Richard William Stuart, Christie tratava os serviçais de maneira desumana. Achava que os empregados eram pessoas que existiam apenas para servi-la e obedecê-la. Vamos conhecer na intimidade de Fernanda a nova experiência que ela solicitou para refazer caminhos, rever antigos parceiros e aprender lições para renovar e elevar o espírito.

Como qualquer ser humano, Fernanda não fugia à regra: caminhava entre sombras e luzes. Ora era boa, simpática e amiga, ora apresentava-se egoísta, amarga, mal-humorada e mesquinha. Valorizava demais seus pertences. Não gostava de emprestar lápis, caneta ou simples folhas de caderno a quem lhe pedisse emprestado.

Lurdinha, uma colega com quem dividia a mesa nas aulas da Doutrina Espírita, ficou surpresa ao ouvir um sermão depois de pedir um simples lápis emprestado para Fernanda.

— Por que não trouxe o seu lápis? Não sabia que teria de escrever? Isso é desleixo, não combina com os ensinamentos das aulas. Não me peça nada, não gosto de ser instrumento de indisciplina. E outra, não tenho muito dinheiro para comprar material novo para estudar. Se me faltar dinheiro, quem vai me socorrer? Você não sabe que ninguém gosta de emprestar o que tem?

— Se não quer me emprestar o lápis, não precisa fazer um sermão. Afinal, não cometi nenhum erro grave.

— Hum, você sabe muito bem o que eu quis dizer, e ponto final.

Fernanda era prestativa apenas com Leo. Quando ele lhe pedia algo, ela era atenciosa, gentil e atendia todas as suas solicitações. Era perfeccionista, extremamente asseada, cheirava a perfume de jasmim. Embora tivesse uma aparência apagada, tinha uma presença agradável. Seus gestos eram delicados e caminhava com lentidão, como se levasse os problemas do mundo às costas. Era de pouca conversa, exceto quando se tratava de Leônidas Cassal Barros. Aí seus olhos brilhavam.

Fernanda não era má pessoa. Apenas trazia a mágoa de ter sido abandonada pelos pais biológicos num orfanato. Foi adotada por um casal que já tinha três filhas e um filho. Seus pais adotivos deram-lhe abrigo, alimento e estudo, mas nunca afeto verdadeiro. Ela transformara-se não em filha, mas em mão de obra gratuita. Trabalhava sem remuneração, em troca de roupas e comida. Só podia estudar depois de arrumar a cozinha, lavar e arrumar a casa. Ao chegar da escola, tinha de preparar o lanche para a família. Só depois de cumprir com as obrigações domésticas é que podia descansar, ver televisão ou fazer os deveres da escola.

Enquanto os irmãos frequentavam escolas particulares, ela mal tinha tempo para estudar. Faltava muito às aulas para poder cumprir com os serviços da casa. Tinha apenas treze anos, mas seu corpo franzino já se ressentia do excesso de atribuições.

Seu sonho de ter uma família desmoronou-se como areia no deserto. O que encontrou na nova família foi muito serviço e responsabilidades de pessoa adulta. Tornara-se amarga, azeda e sem ilusões. O mundo, para ela, era árido. Só havia luta, trabalho, desamor e quase nada de lazer. Até descobrir o Espiritismo e se apaixonar por Leo. Encontrava conforto e satisfação apenas na casa espírita e nos momentos em que via seu amor secreto: Leônidas Cassal Barros.

Ao concluir o Magistério, Fernanda queria fazer a faculdade de Pedagogia e se tornar professora. Mas grande foi a desilusão ao ouvir da mãe adotiva que a família estava com o orçamento apertado e não poderiam mantê-la na universidade. Precisavam aumentar o orçamento familiar, e Fernanda deveria procurar um emprego.

Foi um choque para Fernanda, que tinha planos e sonhos. Depois de anos de convivência, estava sendo enxotada da casa que lhe servira de abrigo. Para ficar, teria de conseguir emprego para ajudar nas despesas. Mas ela não desistiu do sonho da faculdade. Esforçada, conquistou uma vaga numa universidade pública. Depois de formada, passou num concurso público para o cargo de professora e, com a amiga Márcia, alugou um apartamento perto do trabalho. Não queria morar com pessoas que não a amavam. Achava que ainda lhe tirariam todo o salário.

As famílias biológica e adotiva de Fernanda não surgiram na vida dela por obra do acaso. Há um envolvimento entre os espíritos que se perde no tempo e no anonimato das relações. As reencarnações servem para crescermos em sabedoria, olhando os outros como gostaríamos que fôssemos olhados e aprendendo a educar nossos sentimentos para alcançar a felicidade que tanto buscamos.

— Nunca tive afeto verdadeiro — contou Fernanda à amiga,

que não fazia ideia do que ela tinha passado. — Em casa mamãe só me chamava de querida quando precisava de um serviço extra. Minhas irmãs me usavam. Eu tinha de estar sempre disponível para servi-las. Só Luizinho, o mais novo, muito agarrado comigo, foi o que me deu afeto verdadeiro. Quando me via chorando pelos cantos da casa, me beijava e me abraçava com amor.

Márcia, estupefata, não conseguia acreditar no que ouvia.

— Como pôde aguentar tudo isso quieta?

— Você tem pais, tem parentes... Não é só no mundo. E não faz ideia do que é ser repudiada pelos pais biológicos e depois pelos adotivos. Você sabe o que é ser preterida, abandonada, desprezada justamente por quem deveria amá-la e defendê-la?

Fernanda não conseguiu segurar a emoção. Lágrimas saltavam abundantes, enquanto Márcia não sabia o que dizer nem como consolar a amiga. Ela entendeu que o momento era de cumplicidade e compreensão.

— Tudo bem, Fernanda, estou aqui para ouvi-la.

Era o que Fernanda precisava naquele momento.

— Minha irmã mais velha, Gabriela, é muito bonita. Ela faz publicidade, tem carro, namorado e sabe se vestir bem. Mas não me poupava. Queria tudo limpo e passado, e exigia isso de mim. Como eu a invejava... Guilherme, o namorado dela, um advogado recém-formado, trabalha no escritório do meu pai, que, aliás, quase nunca me dirigia a palavra. Vivia ocupado e preocupado. Quando precisava de algo, pedia à mamãe para me transmitir, ora era a camisa bem passada, ora os ternos que deviam estar impecáveis, ora os sapatos escovados.

— E quanto a seus pais biológicos? Você se lembra deles?

— Claro que sim. Como poderia esquecê-los se até os oito anos convivi com eles? — Nesse instante Fernanda fez uma pausa e deu um profundo suspiro, lembrando a infância dolorosa, junto de pais pobres, bêbados e promíscuos. — Às vezes, me pergunto se alguma vez fui amada por eles, que eram tão jovens quando nasci. Lembro-me de minha mãe me dizendo quando me deixou no orfanato: "É para o seu próprio bem, querida. Aqui você está ao abrigo de senhoras que vão cuidar de você e alimentá-la, mas não esqueça que nós a amamos. Assim que arranjarmos onde morar e conseguir emprego, viremos buscá-la, meu anjo, é só por algum tempo". E eu acreditei. Do alto da escadaria do orfananto, vi os dois indo embora, enquanto uma freira tomava minha mão, firme, para eu não correr atrás deles. Eu chorava, chamando-os de volta, mas em vão. Partiram e nunca mais voltaram. Quando Rosanira e Artur me prometeram um lar verdadeiro, fiquei superfeliz. Soube mais tarde que minha mãe biológica se prostituía, e meu pai também, para manterem seus vícios. Um dia, ao atravessarem os trilhos do trem, não viram que ele se aproximava e morreram atropelados.

— Por hoje chega de confidências tristes — falou Márcia, condoída pelo relato. — Vamos pensar positivo.

O tempo foi passando, e Fernanda agora encontrava motivos para viver. Além de ser assídua participante das aulas do centro espírita e colaboradora nos mais diversos setores, vivia fantasiando um afeto pelo qual não era correspondida. Nunca tinha experimentado um sentimento tão forte e tão descontrolado. Trazia na alma a paixão desenfreada de um passado de inconsequências e irresponsabilidades.

Seus pais e irmãos adotivos foram pessoas que a serviram em outras encarnações, e a quem ela muito maltratou, exigindo deles, cruelmente, tarefas intensas no preparo de almoços e jantares, todos os dias, em festas intermináveis. A criadagem a odiava. Assim, na presente encarnação, Fernanda colhia o que havia plantado no passado.

17
Ligações mentais

O dia tinha sido estafante. O calor na Grande São Paulo estava insuportável. Leo, da janela ampla do seu escritório, espiava o vaivém da rua congestionada. Ainda sob a influência nefasta que o obsediava, isto é, a permanente ligação mental com a tímida Fernanda, que não lhe dava trégua, emagrecia a olhos vistos. Vivia desfocado da realidade, ansioso. Uma personalidade diversa parecia dominar-lhe o cérebro, reduzindo sua consciência, tirando-lhe o foco. Provavelmente, uma janela do seu inconsciente fazia emergir um tempo muito distante, que precisava rever e revisar. O elo era aquela atração sem propósito, que, na realidade, não fazia parte do seu contexto na vida atual. Ao mexer na sua correspondência, deu com um envelope rosa, impregnado de suave perfume. Seu coração bateu mais forte. Abriu-o e deu com uma letra arredondada, bem escrita.

Leo,

Foi com muita relutância que resolvi lhe escrever. Tal como a minha vida, cheia de hesitação, estou aqui, no anonimato, abrindo o meu coração. É insuportável vê-lo todos os dias sem poder me declarar e falar do meu amor. Dia após dia penso em você, que ocupa todo o espaço do meu coração. Você é a última lembrança que tenho ao dormir e a primeira ao levantar. Sem a sua presença, a vida para mim não tem sentido. Meu destino está irreversivelmente ligado à sua pessoa, e sinto que esse sentimento arrebatador é correspondido, pois quem ama não se engana. O amor não faz sentido, ama-se e pronto. Apesar disso, meu amor é sem pretensão. Contudo é desesperado, não tem fim. Só quem ama assim pode me compreender. Em meus devaneios imagino estar em seus braços, aspirando seu perfume de lavanda, cobrindo-me de carícias, beijando-me ardentemente e por mim correspondido.

Quando sua imagem foge da minha visão, inquieto-me, como que temendo perdê-lo. Perco a respiração só em pensar em não vê-lo. Vivo num inferno, na incerteza de não vê-lo mais, por isso o meu desespero.

Mando-lhe uma poesia de Olavo Bilac que traduz melhor os meus sentimentos, mas não lhe peço nada, pois o meu amor é sincero e secreto.

Beijo-o com eterno amor.

Uma admiradora sem aspiração.

*

"Mas o que é isso?", perguntou-se Leo, atônito. "Mais essa para complicar o meu pensamento." Em momento algum ele teve dúvida sobre quem era a autora daquela carta. Chegou à conclusão de que deveria resolver aquilo antes que o assunto se espalhasse, causando ainda mais sofrimento e aflição. Pensou sobre o equívoco daquela moça, afinal ele era um homem casado, apaixonado pela esposa. "Coitada, preciso ter muito tato, mas a bem da verdade, e que ninguém desconfie, tenho pensado nessa moça mais do que o habitual, como se fosse vigiado, atraído por ela o tempo todo", refletiu. Mas ele não entendia o porquê daquela atração, uma vez que a estimava apenas como amiga e companheira de trabalho na casa espírita. "Será que não estamos sob influência de espíritos mal-intencionados que só querem criar situações constrangedoras? Vou ter de me preparar para uma conversa fraterna, e que os bons espíritos me inspirem para não magoar nem ferir a sensibilidade da moça."

Mal sabia Leônidas Cassal Barros que Fernanda, após concluir aquela carta, com o olhar distante, imaginava paisagens que não tinham lugar no contexto atual. E uma nostalgia profunda a remeteu ao passado distante da velha Londres, entre duques, lordes, duquesas e cortesãs a tramar maldades, difamações e vilanias. Seus olhos ficaram marejados quando na tela mental viu a suave figura de Leo caminhando pelas alamedas cercadas de lindas flores campestres. Sua figura se multiplicava na imaginação: ora via-o expondo a Doutrina Espírita com segurança e voz firme, ora o via comentando trechos do livro *O Grande Enigma*, de Léon Denis, sobre os encantos da natureza. "Meu Deus! Como posso me sentir atraída por uma pessoa comprometida? Por que amo esse gentil homem, esse amigo, de forma tão inconveniente? De onde vem essa saudade, essa inquietação que me alucina e não consigo conter, como se fosse uma tempestade que me enlouquece? Leo nem imagina o que passa pela minha mente. Seus olhos puros, ao se dirigir a mim, são de um amigo e irmão. Meu Deus, me ajude, tenho de reprimir esse sentimento que, apesar de puro, me sufoca", queixava-se Fernanda.

E, assim, ela passava horas do dia chorando, inconsolável e sem esperança, o amor proibido. Mas o amor não deve se tornar doença.

O verdadeiro amor constrói, liberta, renuncia, não dá amarras, é incondicional — deixa o outro ir se não estiver na mesma sintonia. Mas Fernanda, sem saber, ainda nadava no mar das sensações e das recordações de um passado distante.

Maria Eduarda nunca tivera motivo algum para desconfiar de seu marido. Amavam-se desde jovens, e Leo foi fiel companheiro de jornada, sempre às voltas com a herança que mais lhe dera dor de cabeça do que lucros e satisfação. Mas, enfim, eles estavam juntos na alegria e na tristeza, lutando para sobreviver às adversidades que a vida lhes impunha.

Conheciam-se desde a infância. Ingressaram na mesma universidade, mas em cursos diferentes. A proximidade deles revelava o quanto eram almas afins, apaixonadas. Todos esperavam que um dia se casassem, e assim aconteceu. Parentes e amigos afirmavam que haviam nascido um para o outro. E não erraram. Maria Eduarda e Leo formavam um belo casal. Ricos, inteligentes e saudáveis, tinham tudo para vencer e ser felizes na vida. Não contavam, porém, com o que o destino lhes havia reservado para o futuro: a falência dos Cassal Barros.

Mas o amor foi mais forte. Passaram pelos reveses unidos e saíram fortalecidos, superando a adversidade material e moral. A cumplicidade entre eles era a chave do seu relacionamento. Leônidas gostava de almoçar e jantar com a família. Dizia que era o momento de colocar os assuntos em dia, de aliviar as pressões do trabalho e de se aproximar dos filhos, que sabiam que os pais se amavam e não faziam segredo disso.

O casal reencarnou junto para selar compromissos e responsabilidades. E, entre tantos desafios e ruínas, ela seria seu braço forte, confidente, companheira e amiga. Estavam juntos para superar adversidades e seguir em frente, lutando por um mundo melhor. Tinham como uma das tarefas primordiais trabalhar para a preservação do meio ambiente. Maria Eduarda levava esse conhecimento à creche que abrigava os filhos dos funcionários da nova empresa da família, a qual administrava. Era a menina de seus olhos. Enquanto Leônidas participava de campanhas, simpósios, conferências e encontros sobre o assunto, sua esposa atuava na prática: separava o lixo, reaproveitava hortaliças, fazia uso consciente da água e da energia elétrica, cuidava de animais, enfim, preocupava-se com tudo o que dizia respeito à ecologia e preservação do planeta. O casal era feliz por ter objetivos comuns.

18

Benfeitor Geraldo

Enquanto o ambiente na atmosfera espiritual era sereno e repleto de paz, na Terra era tenso e opressor. Um sentimento de desconforto se fazia sentir. A reunião mediúnica daquela noite não era de desobsessão, mas de orientação espiritual. O diretor encarnado aguardava a presença do instrutor Geraldo para algumas considerações sobre um assunto delicado que envolvia nomes respeitados como os de Leônidas Cassal Barros e Fernanda Amaral da Silva.

O benfeitor Geraldo, após as primeiras saudações, perguntou se as pessoas ali presentes conheciam a maior virtude e o maior vício do mundo. Logo alguém se pronunciou dizendo que a maior virtude era o amor e o maior vício, o egoísmo.

Mas o amigo ficou em silêncio, para logo dizer:

— *Meus irmãos, conhecem a história de Esopo? Na antiga Grécia, servia à casa de um grande chefe militar um escravo chamado*

Esopo, de rara inteligência. Certo dia, Esopo foi chamado a dar sua opinião sobre os males e as virtudes do mundo numa acalorada discussão entre seu patrão e amigos. À pergunta, ele respondeu com segurança: "Tenho absoluta certeza de que a maior virtude da Terra está à venda no mercado".

A plateia, sem desrespeitar o amoroso espírito Geraldo, embora aturdida, ria baixinho, e alguns pensavam: "nossa, como ele irá se sair dessa se amor e egoísmo certamente não estão à venda em mercado algum". Geraldo também sorriu e continuou a narração:

— *"Como pode afirmar tal coisa?", interrogou seu amo. Mas Esopo não se rendeu: "Não só afirmo como irei até lá e trarei à vossa presença a maior virtude da Terra". Surpreso, o amo respondeu: "Estás autorizado. Punir-te-ei com o pior castigo, caso o que trouxeres não for a maior virtude da Terra".*

Geraldo faz uma pausa maior, observando o interesse dos componentes da reunião, e continuou a história:

— *Assim, saiu Esopo, voltando em seguida com um pequeno pacote na mão. Ao abri-lo, seu amo encontrou vários pedaços de língua. O general, acostumado a dar ordens e a ser obedecido, falou com expressão de indignação: "Explique-se antes que eu mande castigá-lo". Então falou assim o sábio escravo: "Meu senhor, não vos enganei. De fato, a língua é a maior das virtudes. Por ela podemos consolar, ensinar, esclarecer, aliviar e conduzir. Pela língua, todos os ensinamentos são divulgados e os conceitos religiosos, espalhados. Podeis renegar essas verdades?". "Muito bem, meu servo", disse o amo. Então retrucou um dos amigos do general: "Já que és tão entendido no assunto, traz-nos agora o pior vício do mundo". "Muito bem", respondeu Esopo, submisso. "Irei ao mercado e trarei o pior vício da Terra". Concedida a permissão, o escravo saiu dali para logo voltar com outro pacote semelhante ao anterior. Ao abri-lo, os amigos se depararam novamente com pedaços de língua. Desapontados, interrogaram-no e obtiveram a seguinte resposta: "Por que vos admirais de minha escolha? Do mesmo modo que a língua se converte em sublime virtude quando bem utilizada, quando usada para assuntos inferiores se transforma no pior dos vícios. Por meio dela tecem-se intrigas e calúnias, mentiras cruéis, injúrias e violências verbais. As verdades mais santas por ela podem ser corrompidas. Acaso os senhores podem refutar o que digo?". Impressionados com a capacidade invulgar de raciocínio do serviçal, todos se calaram, e o velho militar, reconhecendo a injustiça de ter aos seus serviços tão sábio homem, deu-lhe a liberdade. Esopo, agradecido, aceitou e deixou para a posteridade suas famosas fábulas, até hoje contadas em todo o mundo nas duas dimensões.*

A assistência da sessão mediúnica silenciou. O benfeitor amigo observava a mente de cada um para saber se a lição havia surtido efeito.

— *Meus irmãos, assim é na casa espírita. Maior virtude na casa é o bom emprego da língua, e o pior vício é o mau emprego que se faz dela. Porque o que sai da boca é do que está cheio o coração, asseverava Jesus. Não é o que entra que mancha o homem, mas sim o que sai dele. Esperamos que o assunto colocado em pauta termine aqui. Fernanda é uma boa espírita, tanto como Leo, e nada há de desabonador em seus comportamentos aqui neste educandário de almas. Cuide cada um de si e de seus compromissos dentro da doutrina.*

E assim a reunião foi concluída. As pessoas que participaram dela saíram com muitos questionamentos e reflexões sobre a maledicência e a possibilidade de destruir vidas por causa de mal-entendidos e fuxicos de espíritos mal-intencionados. Infelizmente esses lixos mentais e vampirescos correm soltos nos lugares e devem ser contidos e eliminados pelos bons pensamentos. A fofoca não pertence aos verdadeiros espíritas ou àqueles que querem ser, segundo os Evangelhos. A transição planetária é um fato e não uma utopia. Só permanecerá aqui aquele que tem frequência vibratória condizente com as vibrações do planeta Terra, caminhando inexoravelmente para um mundo melhor em todos os âmbitos da natureza, sob qualquer aspecto, e da humanidade. E Jesus espera que os espíritas mais esclarecidos e informados engajem-se nessa mudança, auxiliando com os que têm boa vontade e espírito de serviço para o bem comum.

19
O casebre de telhas quebradas

Lembrando as palavras de Carlos Flávio, de ter oportunidade de refazer um mal-entendido, Leônidas não descansou até encontrar Liana e sua família. Era, para ele, ponto de honra dar assistência à moça que, sem intenção, jogara na prostituição e no vício do alcoolismo. Descobriu que dona Mercinha, quando encarnada, havia se inscrito no centro para receber mantimentos. Não foi difícil descobrir o endereço onde tinha morado com a filha, o genro e os netos. Quando os encontrou, reconheceu o homem que puxava a carroça cheia de papelão, e entendeu os caminhos pelos quais a providência se valia para auxiliar os humanos. Não fora por acaso o encontro, na rua, quando ele ficara impressionado com aquela visão de miséria. Chorou muito, mas sem lamentar-se, porque podia desfazer o mal-entendido e, sobretudo, auxiliar, o que era mais importante. Em um dia de verão encontrou-os num lugarejo miserável, em um casebre de telhas quebradas e portas carunchadas. Trazia em uma caminhonete da instituição os mais diversos gêneros de donativos, mas também esperança para aquela família sem ilusões.

— Bom dia! — disse, bem-humorado. Ao que o outro, um tanto desconfiado, respondeu, sério:

— Bom dia, o que deseja?

— Pertenço a uma instituição que atende pessoal carente. Vim aqui porque pessoas conhecidas de sua família os matricularam para serem atendidos e me encarregaram de trazer a cota deste mês.

— Que história é essa, senhor? Não temos conhecidos nem nos matriculamos em nada. Se você pensa que vai nos comprar com essas coisas para nos enganar e vender suas drogas, pode se retirar porque não tratamos dessas coisas. Somos pobres, você está vendo, mas nossa dignidade não está à venda.

Leo ficou estupefato com a energia com que falava aquele homem extremamente magro e desnutrido. Decerto abria mão de comer para alimentar os filhos.

— Senhor, está enganado, não pertenço e esse tipo de gente, não compactuo com eles. Sei que aqui tem muito traficante, mas também muita gente boa, como vocês. A instituição que represento é espírita e faz esse trabalho voluntário, atendendo pessoas da periferia. Acredite! Fazemos mensalmente essa tarefa, e hoje ela coube a mim.

— Bem, se for isso mesmo, qual é o interesse? Ninguém dá nada de graça. Então, senhor, qual seu motivo?

Leo ficou confuso e desajeitado, porque estava em dívida com um dos componentes daquela família miserável e não podia falar nada.

— É que faz parte do nosso projeto auxiliar famílias necessitadas. Vocês estão na lista de atendimento, e me deram a incumbência de atendê-los. Espero que não vá recusar nosso auxílio.

E, olhando para dentro do casebre de telhas quebradas, viu as mesmas crianças que enxergara naquele dia, na estrada. Sem delongas, chamou-as.

As crianças não se fizeram de rogadas e correram à caminhonete com uma alegria contagiante. Leo não havia economizado em nada. Trouxera tudo de boa qualidade. Atrás das crianças apareceu Liana, alheia àquilo tudo, com um cigarro na boca. Seus olhos denotavam ódio, despeito e desinteresse pelos alimentos porque tinha em mente outras coisas. Leo viu-a magra, com os dentes quebrados e escuros. Era um fantasma da jovem bela e sensual que conhecera na juventude. Por certo não o reconheceu. Aproximou-se dela e lhe falou:

— Venha você também, aqui tem roupas, cobertores, roupas de cama e banho... Aproxime-se!

A mulher saiu do seu mutismo e se expressou, com palavras ácidas:

— Não, não quero, não precisamos de esmolas. Mas se tiver pinga para me oferecer, aí, sim, eu aceito, e também cigarros, porque este maço já está terminando. E esse meu marido inútil não quer ir ao bar mais próximo daqui comprar.

Nesse instante, uma tosse rouca e persistente não a deixou mais.

— Que pena, senhora, mas não trouxe nada desse tipo. Mas da outra vez, vou providenciar — blefou —, enquanto o companheiro de Liana olhava para ela, condoído. Leo logo percebeu que aquela criatura que o perseguira e o tentara no seu tempo de adolescência trazia a mente perturbada, comprometida. Mas as crianças estavam extasiadas. O mais velho foi o primeiro a falar:

— Mãe, o homem trouxe muitos doces, até barras de chocolate, não é uma maravilha? Vai ver que ele é enviado de Deus. Esta noite meu estômago roncou e doeu tanto, que rezei. Me falaram que Deus tem muitos enviados para nos ajudar.

Leo teve um baque no coração, e seus olhos se encheram de lágrimas ao ouvir a fala ingênua do garoto, lembrando que seus filhos nem sonhavam com aquela miséria que dilacera tantos corações. Sua alma olhava aquela gente com o coração partido. E lembrou-se de uma frase de Chico Xavier: "Lembremo-nos de que o homem interior se renova sempre. A luta enriquece-nos de experiências!". E que dolorosa experiência, espíritos em corpos de crianças, vivendo as agruras da vida material. Recordou-se então de outra frase: "Toda escolha tem consequência, não importando a fase em que o ser humano se encontrar". A destruição e a falência, algumas vezes são necessárias, porém a crueldade jamais. E pensou em algumas explicações de Allan Kardec, em *O Livro dos Espíritos*: "A desigualdade social não é uma lei natural, é obra dos homens. Deus não criou as desigualdades, essa disparidade é fruto da imprevidência e da ganância dos homens. Sendo assim, os humanos podem mudar o quadro socioeconômico do planeta, revendo programas sociais e estruturais-educativos".

Absorto em seus pensamentos, Leo sentiu alguém chamando sua atenção.

— O que o senhor é? Deus ou anjo?

Leo encolheu-se todo, e lágrimas escorreram. Ele se abaixou perto do pequeno, beijou-lhe a testa e tocou o rosto magro.

— Meu lindo menino, nem Deus, nem santo, nem anjo. Digamos que eu sou um companheiro de viagem por este mundo, e que posso ajudar quem pode menos. E a partir de hoje serei padrinho de vocês em nome de Deus e em meu próprio nome. Ninguém mais desta família passará fome nem necessidade. Eu me responsabilizarei por todos. Prometo.

O menino, um tanto assustado, retrucou:

— Mas não temos de esconder muambas aqui em casa? Papai tem apanhado muito por não querer ajudar.

— Não, meus queridos, nunca mais isso vai acontecer. Nada

de ilegalidade. Repito: pertenço a uma instituição que me deu a atribuição de velar por todos.

Eis aí, meu caro leitor, um homem comum refazendo caminhos e, a exemplo da dama do Evangelho, ajudando sem nenhuma pretensão de gratidão.

Nós, espíritos na dimensão espiritual, já vivenciamos as etapas que descrevemos aqui. Hoje estamos em outro patamar, criando pontes de solidariedade, fraternidade, compreensão, lidando com os espíritos menos felizes e os conduzindo, com amor, à estrada que os levará ao amanhecer de uma nova oportunidade para rever e aprender a lidar com a vida.

20
Chuva de início de verão

Passava das onze horas da manhã, e o céu começava a juntar nuvens espessas, algo comum no céu da cidade de São Paulo no início de verão. Sentia-se no ar que viria uma tempestade. A família de Liana não tinha um teto. Seu casebre era coberto por algumas telhas aqui e acolá. Leo olhou para um lado e para outro, procurando algo para improvisar. Entrou na casa e viu só ruína. Para quem vivera sempre na abundância aquilo era estarrecedor. Chamou o companheiro de Liana e perguntou onde poderia comprar lona para improvisar uma proteção. O homem respondeu amargo:

— Com certeza você nunca passou por aqui. Neste fim de mundo não tem esse tipo de comércio.

— Não tem importância, hoje é meu dia de folga no trabalho, e tenho todo o tempo que quiser. Você não se importaria de me acompanhar?

O homem esquálido, desconfiado, coçou a cabeça, mas seus filhos não o deixaram pensar muito.

— Vai logo, pai, Mirela está com febre e pode piorar.

Nesse instante Leo observou a menina deitada num colchão de palha, em um canto do que eles chamavam de casa.

— Está bem, mas não me engane. Se for para buscar muamba, não conte comigo, apanho, mas não trago para cá.

No caminho, Leo conversou bastante com aquele homem, que disse chamar-se Afonso. Conhecera Liana numa praça, atirada ao chão, febril e trêmula, totalmente embriagada. Apiedou-se dela. Era linda, mas estava muito malcuidada. Colocou-a na carroça e a levou para sua casa improvisada, que, naquele tempo, tinha telhado e era um abrigo asseado. Tratou dela e a partir daí ficaram juntos. Os filhos vieram. Eram três: José Pedro, de onze anos; Paulo, de nove; e Mirela, de seis. Cada vez que engravidava, Liana queria interromper a gestação, mas Afonso não concordava, e assim foram criando os filhos. Mas Liana vivia a maior parte do tempo bêbada. Segundo Afonso, ela chegou a lhe contar que poderia ter sido muito rica, se não fosse a dona da mansão onde sua mãe trabalhava suspeitar de sua gravidez, expulsando as duas.

— Mas, sinceramente, eu acho essa história muito esquisita – completou Afonso. — Deve ser coisa da bebida e da cabeça dela.

Andaram um pouco e encontraram um comércio, onde compraram alguns metros de lona para improvisar o abrigo. Leo aproveitou e comprou outros utensílios para o abrigo da família.

Afonso, ainda desconfiado, olhou para o motorista e, à queima-roupa, perguntou:

— Não sei quem você é. Qual o seu interesse em nós, que não temos nada para lhe oferecer, nem mesmo hospitalidade? Por que isso? Bem se vê que vem de bairro nobre, e os que estão lá não se incomodam com os que moram aqui.

— Meu amigo, posso chamá-lo assim? Fui encarregado de dar assistência à sua família, apenas isso. Agora me lembro, a mãe de sua companheira, quando viva, matriculou-se para receber auxílio. Mas como não viveu muito, a casa espírita perdeu contato. Quando revisaram os arquivos lembraram-se de que ela tinha uma filha. E então eu soube que vivia aqui, à beira deste morro.

— Ah! Bom, então está explicado...

Em seguida, puseram-se a trabalhar para cobrir o teto, ajudados pelos meninos. Leo, antes de sair, comentou:

— Vou providenciar algo que lhe possibilite voltar a trabalhar, ok?

— Muito obrigado, seu Leo, mas já estou quase comprando uma carrocinha leve, com rodas, que vai me ajudar muito no serviço.

— Ah! Afonso, se me permite vou trazer um médico lá da instituição para examinar sua esposa. Acho que ela está precisando de atendimento, o que você acha?

— Por mim, tudo bem, o problema é Liana. Ela é muito arisca e desconfiada. Mas pode trazer seu amigo aqui, que será bem-vindo.

— E os meninos? Eles vão à escola? Na próxima vez quero trazer calçados, meias e roupas.

— Obrigado, seu Leo, meus filhos não vão às aulas porque não possuem roupas e sapatos decentes, e os colegas caçoam deles. Eles ficam muito tristes.

A cada descoberta infeliz, Leo ficava sem fôlego. A cada descoberta, os infortúnios que o Evangelho descreve estavam ali, palpáveis, sem máscaras, sem subterfúgios, *in loco*, e era desesperador. No fundo de sua alma, escutou mais uma vez: "A vida é sempre o resultado de nossas escolhas". E como entender isso diante daqueles pobres meninos? "É o descaso dos homens que faz miseráveis, não a vida", pensou. O lixo, coisas dispensadas por outros, era o que os mantinha. Viviam de restos. Não havia água potável nem luz elétrica; acendiam velas, à noite, e a água era trazida de um poço abandonado. Era a miséria da miséria.

— Não se preocupem. Vou providenciar tudo. Agora tenho de ir.

Dizendo isso, Leo entrou em seu carro de coração partido. Estava arrasado, espiritualmente frágil. Mas o socorro divino se fazia pelo próprio homem, e assim deve ser: uns ajudando os outros. Naquele instante, após a chuva, o céu estava transparente, e uma suave brisa soprou, acariciando os cabelos e a face daquele samaritano dos tempos modernos. Havia nele uma emoção difícil de controlar. O choro descontrolado o fez parar no acostamento. Seus sentimentos estavam de luto, tal a experiência que provara naquela manhã.

21
Regressão de Leônidas

Leônidas seguiu para seu novo lar, uma casa distante do centro de São Paulo. Trocara a casa luxuosa por um lar num bairro mais tranquilo. Não havia ninguém em casa. Maria Eduarda devia estar na creche, e os filhos ainda não haviam retornado da escola. Estava molhado e sujo. Na tela de sua mente, imaginava aquela família na sua desgraça. À exceção de Liana, sentiu que todos lutavam com sofreguidão pela vida. "De onde tiram tanta força e ânimo para sobreviver naquele lugar sinistro, toda hora visitado por traficantes?", pensava. As carinhas não eram de tristeza, mas de fome. Fome de alimento, de afeto, de segurança. Liana vivia para o vício, para a introspecção, lembrando-se, quem sabe, de um passado de ilusão. Por certo, encantara muitos corações, mas perdera-se pelo vício do álcool. Leo percebeu que ela estava muito doente, com uma forte tosse.

Após o banho, deitou-se na poltrona do escritório, perdido em pensamentos. Naquele momento, recebeu a visita de sua mãe, Laurinda, junto com benfeitores espirituais. Vendo-o daquela maneira, deprimido, o intuiu a serenar o coração, buscando refúgio na leitura e na meditação. Quis ouvir música e escolheu "Serenata", de Enrico Toselli. Enquanto o CD tocava, ficou sentado em sua escrivaninha, refletindo sobre tudo o que havia vivenciado. Do lado espiritual, onde nós estávamos, entidades especializadas em regressão, aproveitando o ambiente harmônico, transmitiram-lhe passes, preparando-o para um mergulho na vida passada. E ele foi se entregando suavemente àquele doce convite. Parcialmente desligado do corpo, reviu lugares e pessoas que conhecia em outras roupagens carnais. A música seguia, doce e terna, aprofundando-o mais naquele retorno ao passado.

Geraldo dirigia a regressão.

— *Meu amigo, estamos viajando através do arquivo de sua alma para longínquo lugar. Olhe bem as personagens deste lugar.*

E ele viu, meio atordoado, Meggy (*Liana*), e recordou-se de sua belíssima mansão no condado de Devon, na Inglaterra. Em sua mente jorravam informações nítidas, como se estivesse vendo um filme colorido. A mansão, cercada por uma propriedade de oitenta hectares com jardins murados, tinha quarenta cômodos, incluindo masmorras que datavam do século 11, salão de baile, biblioteca e uma grande galeria. E então ele se recordou daquele dia fatídico, quando ouviu vozes gemendo entre os ramos dos carvalhos.

— *Firme os olhos, meu amigo!* — incentivou seu benfeitor.

"Liana tem a mesma essência da antiga condessa de Devon", lembrou-se. "Ela trazia no coração a serpente da calúnia, da maledicência, da difamação e da concupiscência." Embora não estivesse totalmente magnetizado, pressentia, nesse desprendimento, a presença um tanto nebulosa de pessoas transparentes que o acompa-

UM FANTASMA EM LONDRES

nhavam naquela visão dolorosa. Percebia um passado que tentava, com todas as suas forças, esquecer. Mas lá estava a história gravada nos arquivos de sua alma. Não adiantava fugir. E os que conduziam seu retorno estimulavam-no a seguir em frente.

— *Reveja apenas o que ficou gravado no seu arquivo espiritual. Você não poderá viver esses sentimentos porque não mais os possui. É passado. Pode apenas recordá-los.*

De fato, Liana era o retrato da miséria, da infelicidade, ao passo que aquela mulher no alto de uma escadaria, vestindo uma longa e requintada roupa que lhe caía até os pés, em nada lembrava pobreza. Aprofundando os olhos naquelas paragens, o registro de sua memória se tornava mais nítido, e a recordação foi mais visível. Aquela era a bela Meggy Taylor, uma mulher devoradora de homens e fortunas. Ela se apresentava naquele momento em todo o seu esplendor: face viçosa, longos cabelos escuros, olhos esverdeados, arrebatadores. Foram ela e seus cúmplices que o levaram à bancarrota e o acusaram de traição.

— Não! — disse, com a voz ofegante. — Não quero mais ver isso, tudo o que me levou à desforra e à vingança, atrasando por muitos anos minha vida após a morte e o meu bem-estar interior. Não! Estou firme em meu propósito. Vingança e ódio, nunca mais.

Leo, aturdido, enxergou a dualidade daqueles personagens de ontem e de hoje. Entretanto, o mais cruel foi lembrar-se do homem que reconheceu ser Afonso. Apaixonado pela inglesa, e totalmente subjugado por ela, Konrad havia sido seu mais leal amigo, que o traíra vergonhosamente. O mesmo homem a quem tentava hoje ajudar. Leo percebeu agora o fascínio que Meggy exercia sobre o amigo. Aquela mulher sem alma tinha sido a responsável por ele perder seu brasão e todas as vantagens devidas aos nobres. As imagens não eram lineares. Ele via Konrad cavalgando com imponência seu puro-sangue, pronto a atender qualquer maldade da amada. Após a cilada armada por Meggy, com amigos da mesma espécie, traidores ambiciosos que a ajudaram a destruir sua vida, sua honra e sua moral, Leo via sua morte. Contudo era preciso desvencilhar-se daquilo tudo, e continuou acompanhando o desenrolar das cenas.

Viu-se ensanguentado, com as roupas rasgadas, entrando na mansão, ainda confuso, sem entender onde se encontrava. E então encontrou a mulher com uma taça de champanhe brindando sua vitória. Sem saber que perdera o corpo carnal, investiu contra Meggy com todo o seu ódio, e ela, inadvertidamente, deixou a taça cair, como se um vento tivesse empurrado sua mão. Assustada, ao ver o espírito materializado à sua frente daquele contra quem tinha conspirado, ela deu um grito e desmaiou. Acabou acudida pelos cavalheiros, e, juntos, comemoraram a façanha. Richard (*Leônidas*) pôs-se em um canto a observar e percebeu que não era visto. De repente, ouviu uma sonora gargalhada, e uma figura dantesca, maltrapilha, de carantonha horrível, dirigiu-se a ele com voz rouca.

— *Ah, você também foi traído por essa mulher?*

— *Quem é você?* — Leo ouvia e via nitidamente aquele diálogo acontecido no passado, agora sob a assistência de entidades iluminadas.

— *Sou um dos que ela mandou eliminar para ficar com meus bens.*

— *E não fez nada para reverter a traição?*

— *Bem se vê que você é novo por estas paragens.*

— *Engana-se, cavalheiro, pois conheço isto aqui como a palma de minha mão.*

— *Outro engano seu. Não reparou que eles não nos veem?*

— *Tenho certeza de que Meggy desmaiou porque sabe que vou pedir satisfação das mentiras que disse sobre mim aos soberanos e ministros.*

— *Ah, cavalheiro, você não se deu conta de que morreu, de que não pertence mais ao mundo dos vivos? Ha, ha, ha! Isso é muito divertido.*

Todos pensam isso quando retornam. Seus familiares por certo choram sua morte, entretanto, veja só: estamos vivos, e bem vivos, mas eles não nos veem!

A cena era tragicômica. O desconhecido continuava a rir. Richard percebeu que seu pescoço estava quebrado, e então lembrou-se dos cavalos passando por cima de seu corpo.

— *Mas como pode ser? A morte não é o fim de tudo?*

— *Ledo engano, meu lorde, aqui é a realidade e talvez o mundo das formas seja ilusão. Agora vou deixá-lo porque você tem muitas contas a acertar com essa dama diabólica* — e retirou-se.

*

Richard foi se acostumando aos poucos àquela realidade. Precisou treinar muito a mente para realizar sua vingança contra todos os que o difamaram por inveja e ambição. Além de Meggy, descobriu que dois deles eram os filhos de Afonso, que viviam agora juntos na mesma miséria. Obsediada por Richard, Meggy passou a beber. Quando ela via a imagem do homem a quem traíra, ingeria álcool para se anestesiar. O tempo foi passando, e as pessoas que a adulavam perderam o interesse, porque a condessa já não se importava com nada que não fosse bebida. Não ligava para higiene nem bons modos. Abordava todos com azedume. Só Konrad a aturava, mas por ela era humilhado e desprezado o tempo todo.

Magra, tossia muito. Seus dentes já não eram alvos como antes. Quebradiços e cariados, deixou de ter admiradores a seus pés. Seu hálito cheirava a álcool e podridão. Um dia Richard decidiu concluir seu plano. Numa madrugada quente incentivou-a, pelo pensamento, a beber e depois a se banhar no lago do jardim da mansão. Como estava muito embriagada, afundou na água, mas foi salva por uma das criadas, Kate, que amava a patroa como filha. Leo, em sua regressão, naquele instante reconheceu na criada a figura de dona Mercinha — o amor materno ultrapassava a barreira do tempo e das encarnações.

Pouco tempo depois Meggy acabou morrendo em decorrência da bebida e do incidente no lago, que a deixou com a saúde ainda mais fraca.

No dia da desencarnação de Meggy, Richard achou que sua vingança estaria completa. Aguardou junto ao corpo dela a fim de ver seu espírito se desprender. Mas não teve tempo. Um grupo de desencarnados a reodeou e a levou para paragens sombrias. Frustrado, Richard foi atrás dos outros responsáveis por sua ruína. E conseguiu seu intento. Um a um, todos foram ficando pobres, destituídos de nobreza e desprezados pelos soberanos, os mesmos que um dia o rejeitaram. Depois de ter completado sua vingança, Richard tentou descobrir onde estava sua esposa e filhas, mas nunca conseguiu encontrá-las.

*

Ao final da regressão, Leo auscultou sua alma e reviu os acontecimentos que o haviam levado à perdição em razão do ódio e da revanche. E pensou, com sinceridade: "Não sei explicar, mas sinto pena, vontade de ajudar. Fiz parte desse conluio, pois cavei toda essa situação por causa da minha vaidade e arrogância. Mas sinto que aprendi. Sinto-me liberto, não consigo mais odiar ou desejar o mal. Estou livre! Livre e leve. Sinto uma calma e tranquilidade nunca antes experimentada. O peso que me impedia de viver bem comigo mesmo desatou-se. A cela da minha prisão interior se abriu. Obrigado, meu Deus, por essa oportunidade. Finalmente, a liberdade tão almejada".

E enquanto fazia um gesto de relaxamento e de bem-estar, sua antiga genitora sorria, contente, ao lado do amigo e benfeitor Geraldo, que lhe enviava a seguinte mensagem:

Um fantasma em londres

— *Bem, meu querido discípulo, capítulo encerrado e anulado. Embora ocasionalmente venha a se lembrar dessa etapa de sua vida, será apenas como um filme a que assistiu, somente isso, nunca mais como um fardo. Deve, sim, tomar conta daqueles que lhe fizeram mal, não como revanche, mas por um ato piedoso e fraterno. É por essa maneira que se cresce e se plenifica para tarefas de alto valor, cooperando como coautor da divindade. Quem pode mais ajuda quem pode menos. Hoje, não é mais aquele fantasma de Londres, mas um ser na caminhada franca de um mundo regenerado, tanto no plano material como no espiritual, trabalhando nas duas dimensões, ensinando a cuidar do planeta, empenhando-se em aprender a lidar com energia renovável, ajudando a despoluí-lo, e também plantando leveza, doçura, ternura. E lembre-se: a felicidade é a soma de pequenas felicidades que elevam o espírito. E não se esqueça sempre de orar. A prece é o motor de que o pensamento se serve para estimular as faculdades do espírito. E como a vida é sempre o resultado das nossas escolhas, esta sua vida será sempre aromatizada por perfumes das rosas da caridade. Siga em paz, impulsionado pelo desejo de ajudar o outro, sem humilhar, sem ofender. Este mundo ainda mostrará caminhos pedregosos que deverá contornar, mas se desvencilhe dos impedimentos sem magoar quem quer que seja. Preciso ir, outras atividades também urgentes necessitam da minha presença. Continue assim e terá uma passagem vitoriosa por este plano.*

*

Leo voltou da regressão de forma natural. A noite chegou, e ele começou a se lembrar de lugares onde estivera naquelas horas de meditação. Sua acuidade espiritual percebeu o que tinha acontecido e, especialmente, a presença da sua doce mãe de outrora.

Resolveu acender a luz para ler quando Maria Eduarda entrou.

— Vi você descansando e não quis incomodar, entendi que o seu dia tinha sido cheio. Fui buscar nossos filhos na escola e pedi que não o incomodassem. Preparei lanches. Venha!

— Você nem sabe, minha querida. Lembra que te contei que descobri onde Liana morava? Pois então, fui até lá, e muitas coisas ainda me aconteceram.

— Ah, é?... Estou curiosa para saber. Como foi? Encontrou-se com ela? E ela o reconheceu? Posso imaginar a situação constrangedora...

— Não, não me reconheceu. Ainda bem. Você não tem nem noção da vida miserável da família. Sobrevivem num casebre de telhas quebradas. Dentro não há nada, nem camas, nem cadeira, nem fogão, mesa, nada... Não há luz elétrica, água, absolutamente nada. Miséria da miséria. Liana vive lá com seu companheiro, um catador de lixo, que me pareceu ser um homem de muito caráter, e três crianças, uma menina e dois meninos. Na subida do morro ficam os traficantes, que a toda hora tentam obrigá-lo a vender ou passar droga. Quando cheguei lá, ele pensou que eu fosse um deles. Tive dificuldade para convencê-lo de que não fazia parte da facção. Quando as crianças começaram a pegar os alimentos que eu tinha levado, ah, meu Deus, foi emocionante. Quando me viu, Liana pediu pinga e cigarros. Dei uma resposta vazia, mas percebi seu olhar alheio. A decadência em pessoa. Não parava de tossir. E, então, você sabe como é São Paulo, num piscar de olhos começou a chover. Mas não perdi tempo, saí com o companheiro dela para comprar lona, e conseguimos cobrir todo o teto. Quando vim embora, garanti que voltaria com um médico para examinar Liana.

— Imagino o que significou para eles sua presença lá.

— Sim, preciso refletir sobre tudo.

Maria Eduarda ouviu-o com atenção. E falou decidida:

— Já que eles lidam com coleta de lixo, será que sabem separar material orgânico? Posso ajudá-los com o que sei.

— Espero que sim. E muito obrigado, meu amor. Não esperava outra coisa de você que não fosse apoio...

22

Ajuda aos necessitados

O verão se fazia sentir. O calor deixava as pessoas agitadas. Na família Cassal Barros não era diferente. Os filhos de Leo, como sempre, tagarelavam durante o café da manhã. André, o caçula, já com cinco anos, queria participar dos assuntos, mas João não deixava.

— Não se intrometa em assuntos que não conhece, pirralho. Quando chegar a sua hora, que vai demorar muuuuuito, você vai poder dar sua opinião, mas agora psiu!

O menino fez um muxoxo, engoliu em seco, e, muito bravo, se calou.

Maria Eduarda repreendeu João com severidade.

— Por que André não pode também dar opinião, filho? Respeite o espaço dele, afinal ele também tem ideias, mesmo que você não concorde.

— Mamãe, ouvi você e papai cochichando ontem à noite sobre uns miseráveis que moram num casebre. E esse intrometido disse pra Luísa que tinha ouvido também a mesma história, só que ele nem estava lá na porta quando eu escutei... Como ele pode saber disso?

— Está certo, então vamos acabar com isso e tomar café, porque temos um longo caminho até a escola.

— É isso aí, mamãe, coloque ordem nesses dois, que vivem se alfinetando. Aliás, André nem pode falar, porque João já sai com mil pedras na mão.

— Papai — perguntou João, ainda curioso —, quem são essas pessoas que deixaram você tão triste e aborrecido? Por acaso são pedintes?

— Não, filho, ao contrário, o pai e os filhos são trabalhadores e vivem da coleta de lixo.

— Quê? Lixo? Vivem de lixo? Que nojo! Argh! E o senhor foi lá na casa deles? Tomara que não tenha trazido doenças. Quando a mamãe pede pra gente ajudar a separar o lixo aqui de casa, ela coloca luva na gente. E por que você foi lá?

— João, não fale do que você não sabe! Ah! E preparem-se! Vou levar todos vocês lá para darem valor ao que possuem.

— Ah! Mas eu não vou mesmo, nem que me amarre!

— Não se preocupe, rapaz, você ainda vai por livre e espontânea vontade, eu prometo.

— Mas já vou dizendo. Não me vendo por nada, nem por mesada, nem por ingresso do meu time do coração. Não, e pronto.

A risada foi geral. Assim que terminaram o café, Leo foi à empresa e Maria Eduarda levou os filhos à escola antes de ir à creche. A conversa que tivera com seu marido não lhe saía da mente. Ela pensava como iria fazer para ajudar Liana e seus filhos, retirando-os da miséria e dando-lhes condição de viver com dignidade. Quem sabe por meio do próprio trabalho que faziam como coletores de lixo? Recordava-se do amigo médico que também frequentava a comunidade espírita e que atuava na área de clínica geral. Ele poderia examinar Liana, seus filhos e o companheiro.

Leo também se lembrou de Marcos, o amigo médico e companheiro das lides espíritas, para visitar e examinar seus novos amigos. Ele já havia se inteirado sobre sua história com a filha da doméstica. Estava na mesma reunião quando fora acusado pela entidade desencarnada. E o atendera quando se sentira mal, antes da reunião. "Sim, se ele puder, o levo hoje mesmo para ver Liana", pensou.

Leo achava que Liana teria de se hospitalizar o mais depressa possível, porque entendia que seu caso era muito grave. Ligou para Duda e pediu para que comprasse roupas para toda a família. E ela foi rápida. Comprou as roupas e as levou no mesmo dia. Coincidência ou não, ambos, marido e mulher, chegaram na mesma hora ao casebre de Liana. Leo teve sorte ao contatar Marcos, que concordou em ver a doente. Inclusive ele foi o primeiro a entrar na casa. Liana, deitada, de olhos arregalados, esforçava-se para respirar, sufocada, alheia ao que se passava ao seu redor. Afonso, que os acompanhava, lamentava-se. Contou que ela havia passado a noite assim, contorcendo-se, sem dizer coisa com coisa. E ele temia por sua vida. As crianças choravam. Na casa não havia chás ou remédios, e ela grunhia, desesperada por ar e por bebida.

Maria Eduarda reuniu as crianças e as levou para fora da casa. Como estava muito calor, foi até o carro e começou a mostrar as coisas que trouxera, como roupas e guloseimas. A essa altura, Marcos tirou da van uma maca. Instalaram nela a enferma e a levaram para o hospital. Seu caso era urgente.

— Maria Eduarda, tome conta das crianças. Assim que tudo estiver bem, eu telefono.

— Claro, não se preocupem, o importante é ela ser atendida com urgência.

As crianças choravam copiosamente. José Pedro, o maiorzinho, desabafou:

— Dona, nossa mãe nunca se cuidou. Vivia bebendo e dizendo o quanto poderia ter sido muito rica, e que nós éramos empecilhos. Mas não importa. Ela é nossa mãe. Não queremos que morra!

— Muito bem, agora ela está sendo socorrida, e vocês precisam se alimentar. Trouxe comida pronta. Deve estar quente ainda.

Depois que todos comeram, Maria Eduarda perguntou:

— Vocês estão acostumados a ficar aqui, não?

— Sim, se a senhora quiser ir embora não tem importância, nosso pai logo chega.

— Vou telefonar para ver como foi a hospitalização e já falo com vocês.

Maria Eduarda ligou para Leo:

— Como foi a entrada dela aí no hospital?

— Graças ao Marcos conseguimos leito, mas seu estado inspira muitos cuidados. Está no balão de oxigênio e continua sedada. Marcos diz que o caso dela é terminal. Seus pulmões não respondem mais a nenhum tratamento. Fico com pena de Afonso, que a ama tanto, e das crianças, mas... vamos aguardar.

— Está bem. Estou indo, porque preciso passar na creche e também pegar nossos filhos. Até mais tarde. Em casa conversamos sobre tudo isso.

Assim que desligou o celular, Duda dirigiu-se ao garoto mais velho e perguntou:

— Além desta casa, o terreno de trás pertence a vocês?

— Sim, dona, nosso pai comprou de um colega de coleta que não aguentou a visita dos traficantes. Como não tinha para onde ir, ficamos aqui mesmo.

— Ótimo! Então, temos muitas coisas para fazer, porque o espaço é bom e dá para aumentar a casa e ainda fazer um quintal. Pertenço a uma associação que trabalha com ecologia. Aprendi muita coisa, como reciclar, reutilizar e trabalhar com a educação ambiental. Vamos colocar luz na casa de vocês, rede hidráulica, arrumar o telhado, colocar paredes recicladas por dentro, e também mesas, cadeiras e camas, tudo com materiais renováveis, vai ficar uma beleza. Estou aprendendo e ensinando como fazer essa maravilha de sustentabilidade. Hum! Palavras novas para vocês e também para mim, mas com resultados impressionantes.

— Está bem. Se a senhora diz, nós acreditamos.

— Falei com meu marido, e seu pai está voltando. Não vão ficar muito tempo sozinhos. Amanhã virão operários para começar a trabalhar na construção. São meus conhecidos e muito bons no que fazem, está bem? Conte a seu pai, e diga a ele para não se preocupar, porque as despesas correm pela nossa firma. Não terão de pagar nada.

Alegre em poder ajudar, Maria Eduarda despediu-se das crianças.

23

Os acompanhantes espirituais

O espírito Ramão Padilha esteve na companhia de Marcos, conferindo os exames de Liana e lhe intuindo a melhor maneira de minimizar a enfermidade que se alastrava, feito um rio desgovernado. Em vida, Ramão Padilha havia sido um médico humanitário, que serviu na periferia de São Paulo com dedicação extrema. Não tinha nenhuma crença, embora respeitasse todas. Não se iludia sobre lugares especiais após a morte e tinha suas dúvidas sobre a existência de um Deus religioso, mas não contestava. Sua tarefa era tornar mínima a dor alheia, principalmente a dos pobres e desvalidos de recursos. Nas atmosferas espirituais, trabalhava em várias áreas e em muitas falanges socorristas do bem. Apreciava auxiliar, aqui no orbe, médicos dedicados à profissão sem intento mercadológico, e Marcos era um deles.

Fora ele que intuíra o amigo e colega de profissão a montar, com outros médicos idealistas, uma clínica especializada em atendimento domiciliar, desafogando os grandes hospitais do acúmulo de pacientes abarrotados nos corredores. Dos pobres, cobrava um preço simbólico, deixando aos que podiam pagar um valor condizente com a consulta.

A clínica tinha duas ambulâncias para hospitalização. Pela sua bondade reconhecida, Marcos ganhava simpatia dos colegas. Nessa missão de salvar vidas, estava sempre acompanhado por Ramão. Alguns sensitivos naturais percebiam e diziam: "Doutor Marcos tem um amigo espiritual que o acompanha sempre". Angariava junto a si outros espíritos de alta categoria que o acompanhavam na sua tarefa, como Eurípedes Barsanulfo e o médico dos pobres, Bezerra de Menezes. Ao desencarnar e ingressar na vida dos espíritos, Ramão Padilha engajara-se na tarefa de voltar à atmosfera da Terra e auxiliar quem lhe desse guarida para continuar ajudando os irmãos necessitados.

Meus amigos, não se enganem nem desacreditem: os espíritos estão por toda parte e ocupam o espaço. Entretanto, no mundo dos espíritos, os lugares onde os bons circulam são interditados às entidades inferiores. Podemos concluir que os espíritos imperfeitos vivem em faixas segundo as graduações de sua evolução e se aproximam dos encarnados por afinidade de pensamentos e sentimentos. Felizmente, a casa planetária não vive sem o acompanhamento das almas boas e generosas que descem das regiões felizes para impulsionar o progresso espiritual dos homens, ensinando-os a buscar vibrações para sua regeneração. Se os humanos souberem aproveitar a oportunidade valiosa de mais um aprendizado aqui na Terra, quando desencarnarem terão o mérito de, como Ramão, serem recebidos por altos dignitários de Jesus, mesmo sem ter nenhuma religião, a não ser a consciência limpa e misericordiosa, vivendo para o bem comum. Não importa a etnia, o credo ou a cor, a assistência a eles estará assegurada.

24

Cuidados com Liana e seus familiares

Liana permaneceu no hospital por vinte dias, entre a vida e a morte. Era uma mulher de apenas 38 anos, mas aparentava ser uma idosa. Só atinava com a vida terrestre quando se lembrava do Leônidas de sua adolescência. O presente havia-se apagado. Na vida passada, sua vida havia sido marcada por luxo, riqueza, poder, ambição e egoísmo. Possuía a alma fria. Tinha sido cruel com seus vassalos e desprezava a pobreza e o povo. Achava-se a escolhida, superior a tudo e a todos, achava-se especial. Agora, no hospital, quando conseguia falar, dizia alto:

— Você aqui, velho lobo? O que quer de mim, já não bastou o que fez, me assombrando com sua maldita figura? Com sua carruagem perversa, a rir de cada maldade na velha Londres, forçando para que eu me mudasse para Devon? Vivi o tempo todo em Devon sob sua ameaça, a ponto de enlouquecer. Quantas preces mandei rezar para que me deixasse em paz, mas tudo em vão, nada conseguia fazer que o apartasse da minha vida. Ah! Por Deus, eu o odeio com toda a minha força, fantasma desgraçado, saia daqui e vá para o inferno, que é o seu lugar. Vá! Vá! E deixe-me em paz. Que magia você fez, velho bode, para me colocar neste lugar em que definho, sem meus vassalos, amigos e conhecidos de mesma classe social? Como vim parar neste pardieiro, que não é digno nem do pior criminoso? Diga-me, como vim parar aqui? Esta sujeira me dá ânsias de vômito, eu que sempre vivi na mais pura higiene. Vamos, diga-me, já que está aqui. Engana-se, se quer que eu peça perdão. Isso jamais farei, não é da minha personalidade descer a tanto. Aprendi que dos inimigos não se deve ter compaixão nem misericórdia, porque eles tripudiam sobre a fraqueza do perdão, e o perdão é para os fracos. Saia daqui antes que eu chame meus fiéis escudeiros.

Assim, quase sem fôlego, caía desacordada ou em convulsão, com os olhos vidrados de terror. Leo, quando presenciou aquela cena terrível, em uma de suas visitas, não segurou as lágrimas. Ficou sensibilizado com aquelas palavras ácidas e amargas de medo e ressentimento. Lembrava-se, nos mínimos detalhes, do encontro e da traição daquele grupo nefasto, que hoje nascera na mais triste miséria, vivendo dos restos do lixo da cidade paulistana, sem água potável, luz, utensílios e móveis. Tudo isso não abrandara o orgulho daquela duquesa, que, da vida que tivera, levou para a vida do espírito nada mais que quinquilharias de suas possíveis qualidades. Ainda assim, a vida lhe fora generosa, dando-lhe uma mãe bondosa, Kate, sua governanta e parceira de maldades, que a acolhera com seu instinto maternal.

— Leo — disse seu amigo Marcos —, releve as palavras azedas. Ela não vive mais sua história nesta encarnação e tem poucas horas no corpo carnal.

Após alguns minutos, as falanges amigas dos encarnados desligaram Liana, em convulsão. Não havia mais pulmão para receber oxigênio. A asfixia a fez colocar pela boca uma espuma preta da nicotina aspirada à exaustão. A misericórdia divina, que não castiga ninguém, permitiu que seu espírito fosse levado por Laurinda, que desejava, do fundo de sua alma, ressarcir Liana de sua atitude equivocada, por isso preparou-se para o desencarne da infeliz irmã. Devia isso a Mercinha e a si mesma. Não teria sossego se não refizesse o caminho da solidariedade e fraternidade. Era o mínimo que podia fazer. Seguiu para um departamento na espiritualidade, ligado à casa espírita, levando consigo Liana, que dormia, para que ela descansasse da reencarnação expiatória. Depositou-a em uma cama em um dos apartamentos sob sua liderança, onde seria orientada e auxiliada.

Ramão e Geraldo participavam do socorro àquela alma enferma. Ramão reafirmou a necessidade de auxiliar os menos felizes em nome de Jesus e deles próprios, uma vez que também foram ajudados. Geraldo completou:

— *Não se pode, em verdade, fazer calar a maledicência, mas pode-se silenciar a maldade em si mesmo.*

— *Vamos atender nossa irmã com o aroma da caridade que Jesus nos ensinou* — completou Ramão. — *Aqui, neste mundo de dimensão mais rarefeita, conheci o verdadeiro Nazareno e o amei de imediato.*

E, com um sorriso leve, Ramão despediu-se e partiu para outros compromissos na área médica, inspirando os profissionais humanitários, sensíveis à dor alheia, que servem à causa do bem sem interesses financeiros. O benfeitor Geraldo, da casa espírita, também se despediu e seguiu para outro serviço de urgência na dimensão espiritual.

25

O serviço no bem

Enquanto Leo e Marcos assistiam ao desencarne de Liana, Duda não perdia tempo. Preparava um plano para levantar a casa de Afonso. Junto com voluntários, selecionava material de construções desmanchadas que poderiam servir para aumentar a área da casa da família de Liana. Tentava também, na prefeitura, colocar os serviços de luz, água e esgoto.

Desse modo, nas horas disponíveis, ela garimpava móveis e utensílios usados em bom estado: mesa, cadeiras, fogão, pratos, talheres, camas. E comprava roupas de mesa, cama e banho. Seu coração estava feliz e agradecido a Deus por ter tido a oportunidade de auxiliar. Segundo *O Livro dos Espíritos*, na questão 785, "...além da felicidade oferecida do gozo que os bens terrenos proporcionam, uma felicidade existe maior e infinitamente duradoura — a de amparar os irmãos necessitados". A felicidade não é algo que existe apenas para ser aproveitado, como um bem material.

Como os humanos estão sempre acompanhados espiritualmente — conforme seus pensamentos, emoções e ações — de almas desencarnadas, Maria Eduarda era assistida em suas tarefas benfeitoras por um grupo de espíritos de feições nobres, que a inspirava a auxiliar aquela família carente.

Por fim, com ajuda do grupo de voluntários, que começou com seis pessoas e terminou com doze, a obra foi concluída com êxito em apenas quinze dias. E as crianças daquele antigo pardieiro viram sua casa transformar-se em um domicílio. Seus olhinhos brilhavam de alegria e satisfação quando viam serrote, martelos e pás reconstruindo sua morada. Foi aumentada e pintada de branco, e o piso foi revestido com material reciclável. No quintal, colocaram um tonel médio, que receberia a água da chuva para aguar as plantas e economizar na limpeza do banheiro e do chão. O pequeno jardim recebeu flores e gramas. Via-se estampada na fisionomia de cada voluntário a felicidade legítima de se prestar serviços sem desejar retribuição.

Liana foi enterrada e assistida no mundo das almas. E a casa que desprezava estava agora embelezada pelo jardim e pela horta. Ela desencarnara na penúria, mas seus filhos e companheiro recebiam ajuda daquele que outrora ela tripudiara e levara à bancarrota. E o casal o fazia desprendidamente, sem interesse mesquinho. A alma deles preparava-se para um mundo melhor. Era preciso dar testemunho de homem de bem, e o faziam com naturalidade própria de quem traz na alma as qualidades conquistadas.

Nesse meio-tempo de serviço e descontração, de repente desce do morro uma moça magrinha, com um cigarro na boca e postura despachada:

— Então levantaram a casa de Afonso! Muito bom, eles são gente boa, merecem.

Maria Eduarda aproximou-se.

— Você também mora por aqui?

— Sim, dona. Sou catadora, como eles, e ganho meus trocados. Não preciso vender meu corpo. Graças a Afonso, eu me integrei aos colegas dessa profissão e me dei muito bem. Tenho lá em cima meu barracão, não tenho luz, nem água, é verdade, mas no meu puxadinho comida não falta. Eu subo o morro levando água, cantando "Ave Maria no morro". Um dia vou ser cantora. Todos dizem que tenho boa voz. Escutem e vejam se a minha voz não merece ser ouvida em rádios e televisão. Pobre também tem sonhos, senhores — enquanto dizia isso, fazia saudações e reverências como um nobre perante o rei.

E, de repente, a moça soltou um vozeirão:

— Barracão de zinco/Sem telhado, sem pintura/Lá no morro/Barracão é bangalô/Lá não existe/Felicidade de arranha-céu/ Pois quem mora lá no morro/Já vive pertinho do céu/Tem alvorada, tem passarada/Ao alvorecer/ Sinfonia de pardais/Anunciando o anoitecer/E o morro inteiro no fim do dia/Reza uma prece ave Maria/E o morro inteiro no fim do dia/Reza uma prece ave Maria/ Ave Maria/Ave/E quando o morro escurece/Elevo a Deus uma prece/Ave Maria[14]

— Gostaram?

— Claro! Sua voz de fato é muito linda — disse Maria Eduarda, comovida. — Eu me emocionei...

Maria Eduarda não segurou as lágrimas, assim como as voluntárias que a acompanhavam, mulheres jovens, engajadas, empenhadas em ajudar o próximo e a salvar o planeta. Duda então se aproximou da moça, batendo palmas, junto com as demais.

— Você não quer morar aqui embaixo?

— Deus me livre, dona, lá em cima estou bem pertinho do céu, e os anjos me defendem dos malvados que vendem drogas. Eu

---

14. Letra de "Ave Maria no Morro", de Herivelto Martins.

não sou como essa família, que vive sob a ameaça da bandidagem. Os traficantes não me dariam sossego. Sabe, já levei muito nessa vida, agora chega. Ganho para meu sustento e para meus filhos.

— Mas que idade você tem? - perguntou uma das colaboradoras.

— Tenho dezenove anos, mas conheço a vida muito mais que a dona aí.

Todos a olhavam com compaixão. Sabiam que em São Paulo havia milhares de jovens como ela, que concebiam muito cedo seus filhos.

— Meu padrasto uma noite me pegou, sem que minha mãe visse, e me violentou, e isso continuou por algum tempo. Contei a ela. Minha mãe não acreditou e me colocou para fora do barraco. Eu tinha doze anos apenas e estava grávida — de seus olhos escorriam lágrimas que ela disfarçadamente tentava secar com a mão, fazendo-se de forte. — Mas essa é a vida de pobre que as pessoas não veem , ou não querem ver. Quem se importa conosco, ou comigo? Vocês talvez sejam uma exceção...

— Como se chama? — perguntou Maria Eduarda, para amenizar a tensão.

— Meu nome é muito feio, então eu me apelidei de Pérola Negra porque sou bem preta. E esse vai ser meu nome de artista.

— Você disse que tem filhos.

— Depois que caí na vida, encontrei o Diamante Negro, e com ele tive mais dois filhos. Nunca usei anticoncepcional, não porque não queria, mas por falta de informação. Aí vieram Marília e Jorginho, eu já tinha a Terezinha. E é ela quem cuida dos menores quando desço para ir ao lixão junto com meus colegas. E vou levando a vida, até chegar meu dia de brilhar nos palcos. Bem, tenho de subir, gostei muito de falar com vocês. Tchau, até um dia, quem sabe. — E saiu, num passo de quem sabe o que quer e que iria conquistar, cantarolando "Ave Maria do Morro".

— Espere aí só um pouquinho e me ouça — interrompeu Maria Eduarda. — Posso lhe dar um conselho, Pérola Negra? – perguntou, enfatizando seu nome artístico.

A jovem estacou o passo e virou-se.

— O cigarro, além de ser ruim para a saúde, pesa na cordas vocais. Se você quer mesmo ser uma boa cantora, tem que se desfazer dele. Que acha?

— É mesmo? Ninguém me falou, e os meus amigos quase todos fumam. Ah, mas se isso prejudica a linda voz que Deus me presenteou neste mundo — olhou para todos os lados, como a medir o que iria falar —, um mundo, dona, bem ruim, de dificuldades e maldades, não vou mesmo estragá-la. Da vida, só tenho de bom mesmo meus filhos e minha voz. Obrigada pela consideração. A partir de hoje não coloco nenhum cigarro na boca.

E seguiu em frente com a alma e o coração cheios de esperança.

26

Maria Eduarda e Fernanda

Apesar das muitas atividades com a creche, os filhos, a ONG e a casa espírita, Maria Eduarda não havia se esquecido de Fernanda. Prometera que entraria em contato com ela. Queria ajudar a moça que inesperadamente saíra de sua vida e da casa espírita sem ao menos se despedir dos amigos. Ouviu-se um zum-zum de que ela fora convidada a se retirar porque estava ferindo a moral e os bons costumes. Entretanto, Maria Eduarda sabia que não fora assim. Sempre que ouvia comentários maldosos, interferia em favor da moça, que não estava presente para se explicar e se defender.

Assim, sem que Leo tomasse conhecimento, conseguiu o endereço de Fernanda, onde agora ela morava e lecionava, e escreveu-lhe uma longa carta de estímulo e confiança, desejando ser sua amiga, dando-lhe conhecimento de que sabia do afeto que ela mantinha por seu marido. Não a culpava, pois não se pode mandar nos sentimentos, apenas discipliná-los. Sabia o quanto era difícil desvencilhar-se de anseios que se aninham nas emoções. Ela também amava seu marido e avaliava a dor de não ser correspondida. A seguir, trecho da primeira carta enviada:

Há sentimentos que trazemos de muito longe, de vidas passadas, e isso não é nenhuma novidade para nós, que adotamos o Espiritismo como filosofia de vida. Com certeza, esta não é a primeira vez que você encontra Leo. Tomei conhecimento de sua vida com seus pais adotivos, e reconheço que não foi fácil. Na vida terrena tudo passa com o tempo. Isso é inegável, embora fiquem muitas cicatrizes. Quero ter uma amizade sincera com você e continuar escrevendo para nos conhecermos. Eu, particularmente, nada tenho de perdoá-la porque nunca me senti ofendida com seus sentimentos em relação a Leo. Sei que nada houve entre vocês. Logo, minha irmã, sinta-se à vontade para responder à minha carta de amizade e, quem sabe, nos tornarmos amigas e irmãs de coração.

O tempo foi passando, e Duda aguardava, com certa ansiedade, a resposta que não vinha. Sentiu-se frustrada porque esperava que Fernanda lhe respondesse. Sabia que lá para onde fora devia estar solitária, e uma carta de amizade poderia servir para minimizar a solidão. E escreveu mais duas cartas. Após dois meses, reiterando amizade e compreensão, continuava sem resposta. Contou para Leo, que ficou sem saber o que dizer. Afirmou:

— Acho que essa moça não quer saber de nós. Por que não deixá-la em paz? Parece que é isso que ela quer, não?

Maria Eduarda concordou com a argumentação do marido e resolveu não escrever mais. Um ano e meio depois, num sábado, quando Duda estava na casa espírita, chegou uma carta num lindo envelope rosa: "Aos cuidados de Maria Eduarda, área do departamento doutrinário".

— Carta para você! - disse uma das voluntárias.

— Para mim? Obrigada!

Tomando o envelope, virou-o para ver quem era o remetente e deu com o nome de Fernanda. Seu coração estremeceu. Recolheu-se em uma sala reservada e abriu a carta. À medida que ia lendo, seus olhos se enchiam de lágrimas. Era uma missiva gentil e sincera. Fernanda falava de sua vida na cidade, que, apesar de pequena, tinha muito a progredir; era bonita, cheia de árvores e flores.

Cara Maria Eduarda, estou fazendo volta com a minha escrita, mas, na verdade, talvez não seja isso que você desejaria ler. Li muitas vezes suas cartas para sentir se não era revanche ou zombaria. Afinal, vim para cá de coração partido. Veja bem, "eu", quando na verdade era você quem deveria estar amuada e ressentida comigo. Fui, por sugestão sua, a um psicólogo, que me ajudou muito a me conhecer e a me aceitar. Antes eu me achava feia, desengonçada, muito magra e alta. Sentia-me como um espantalho, por mais que me arrumasse e usasse vestidos bonitos. Hoje sei que me enganei. Eu tinha, sim, muita inveja de você, Maria Eduarda, dos seus cabelos cor de mate, da sua beleza, dos seus traços delicados. E eu, enjeitada feito gata borralheira, que vivia à beira do fogão, na máquina de lavar e no ferro de passar. Talvez isso tivesse me levado a ter sonhos, ilusão, por ser tratada, pelo seu marido, com gentileza e educação, coisas que eu desconhecia na casa que me abrigou. Agora vem o melhor, minha amiga, estou amando um colega de profissão. Comecei a me ver diferente, e as pessoas também, graças a você e seu elevado coração sem mágoas. Vamos nos casar no próximo mês. Bem, não quero me alongar. Escreva quanto e quando quiser, vou me sentir honrada com sua amizade.

Beijo em seu coração.

Fernanda.

Maria Eduarda exultou de alegria e satisfação. Seus olhos brilhavam, e seu coração triunfava. Sentia que o episódio constrangedor com Fernanda definitivamente se encerrava para dar lugar a uma amizade sincera.

27
Afonso e os filhos

Na casa de Afonso todos estavam bem abrigados. Sem goteiras, com luz e água nas torneiras. Parecia um conto de fadas. O ar era agradável, sem o cheiro permanente de cigarro e álcool da mãe enferma de alma. É bem verdade que a saudade dela era sentida, mas as crianças estavam aliviadas daquela atmosfera pestilenta. Somente o pai sentia falta da mulher que amou com todos os seus defeitos e lamentava a morte rápida e dolorosa.

Depois de alojados, Leo os levou a uma consulta com o médico amigo, Marcos. Após os exames rotineiros, o médico confirmou o diagnóstico: todos estavam com anemia. Recomendou diminuição de serviço para o pai e repouso para as crianças. Recomendou que não fossem à escola até ficarem mais fortes.

Afonso, naquele dia, estava mais triste do que o habitual. Ouviu com muita atenção tudo o que o médico lhe passava e, coçando a cabeça, com preocupação, falou, quase sem voz.

— Muito bem, doutor, são muito boas as suas recomendações. Agora, como faço para adquirir esses remédios, que devem ser caros, e como vou sustentar meus filhos se não posso trabalhar?

— Ah! Claro — disse, meneando a cabeça, em sinal de reflexão —, os remédios eu consigo pela minha clínica e, quanto ao descanso, a responsabilidade agora é de quem está empenhado em seu restabelecimento, nosso amigo comum, Leo.

— Doutor, não me leve a mal, mas quem compra a comida dos meus filhos sou eu, e não é por orgulho, não, é por dignidade.

— Concordo com você, porque também tenho filhos. Só que você está doente e fraco, pode adoecer muito e até morrer. E aí, como ficam os filhos?

Afonso pôs-se a resmungar, baixinho.

— Esta é a vida dos pobres, não podemos ficar de cama, não temos esse luxo, temos de trabalhar para sobreviver, até não aguentar mais...

— Não se aflija, você vai ficar em casa por alguns dias, até ficar em condições de trabalhar. Leo providenciou alimentos. Seus filhos também vão se cuidar, e só voltarão à escola depois de novos exames. Aquiete-se e, no momento, aceite. Leo tomou-os sob sua proteção, e não há nada que o faça desistir de vocês.

— Sabe, doutor, fico pensando sobre o porquê dessa ajuda, o porquê do auxílio de alguém que nunca tinha visto na vida. Até do enterro de Liana ele fez questão de se encarregar, pagando tudo. Sinto que há algo mais aí que eu não sei.

— Deixe isso para lá, amigo, nem todo mundo é egoísta. Muitos gostam de ajudar quem precisa. Ele não lhe disse que estava procurando o nome de vocês, lá na casa espírita, porque uma das necessitadas havia desaparecido? E que, no final das contas, era a mãe de sua companheira? Como não podia auxiliar a mãe porque ela havia morrido, resolveu ajudar a família. Logo, agradeça a Deus por essa ajuda desinteressada de retorno. Aceite a oferta com alegria. Ainda, neste mundo, há pessoas que se preocupam com outras, e isso é saudável, nem tudo no mundo está perdido.

Nesse momento entrou Leônidas, molhado, na sala de consulta, pedindo licença, a se desculpar.

— A chuva está forte. Só de sair da van e correr para cá tomei um banho. Bem, se já estão prontos, posso levá-los para casa, que tal?

Marcos o interrompeu:

— Agora mesmo estava explicando a Afonso sobre o que tínhamos conversado antes. Eles estão sob sua assistência.

Todos entraram na van, e se sentiam familiarizados com o novo amigo, que os deixava à vontade.

— Que chuva, não dá trégua! Ora enxurrada, ora garoa.

— Olha, seu Leo, não me leve a mal. Você e seus amigos ricos, que andam sempre de carro, não conhecem chuva, mas chuva mesmo, forte, de levantar guarda-chuvas. Já estamos acostumados, se quiser podemos ficar por aqui mesmo, agora está bem perto.

— O que é isso, amigo? Não estou reclamando de nada, e saiba que já andei muito de ônibus.

— Pai — reagiu José Pedro —, por que o senhor está tratando seu Leo assim? Por acaso ele já não demonstrou o quanto nos ajuda sem qualquer interesse? Até o enterro da mamãe ele resolveu. Se não fosse ele, como ficaríamos?

— Bem, seu Leo, com certeza a casa está muito boa. É que já convivi com tanta gente que só nos explorou, nos fazendo trabalhar sem receber nada, só para pagar o que devíamos, que ainda fico cabreiro. Ninguém faz nada nesta vida de graça. Fico me perguntando o que será que você deseja de nós... Sem nos conhecer já foi colocando alimento para dentro de casa.

— Muito bem, amigo, entendo sua desconfiança. Quando chegarmos à sua casa, conversaremos mais sobre isso.

Assim que chegaram, Afonso convidou Leo para entrar.

— Entre, seu Leo, vamos conversar. Quem sabe assim fico mais tranquilo, estou cansado de ser enganado.

Afonso mandou os filhos tomarem banho e trocarem de roupa.

— Estou aqui e quero saber de tudo, pois sinto que há mais coisas que eu não sei.

— Então, vamos lá — disse Leo. — Há muitos anos, dona Mercinha morou na mansão em que eu morava com meus pais. Ela era nossa cozinheira de confiança e tinha uma filha quase da minha idade. Dona Mercinha tinha por mim e pela minha irmã Estela um grande carinho. Fui crescendo com sua amizade e também gostava muito dela. Entretanto, na adolescência, lá pelos meus dezessete anos mais ou menos, quase não a via. Envolvido com estudos e diversão, comecei a chegar tarde em casa. Liana, que chamávamos de Mel, começou a se insinuar para mim. Quando eu chegava tarde das noitadas, encontrava-a deitada na minha cama, com certeza sem que a mãe soubesse. Eu dizia que não a amava, que tinha muitos anos de estudos e trabalho pela frente, mas ela não se convencia. Um dia, bebi demais. Os desejos vieram à tona e deixei-me levar. A partir daí, tivemos muitas noites juntos. Até que ela não mais apareceu no meu quarto. Eu até me senti aliviado, porque sabia que não estava fazendo a coisa certa, vivendo um romance com a filha da empregada, sem nenhum compromisso que não fosse apenas sexo. Percebi também a ausência de dona Mercinha. Quando perguntei por elas à minha mãe, soube então que dona Mercinha tinha pedido as contas porque iria viver no interior, com a família, em um emprego melhor. Apesar de ter ficado triste, senti um certo alívio, confesso. E isso ficou por aí. Nunca mais as vi, e a vida seguiu seu rumo. Porém, depois de muito tempo, os negócios ruíram e meu nível de vida caiu muito. Foi nessa época que conheci o Espiritismo, e numa sessão mediúnica tive contato com dona Mercinha. Ela estava num estado lamentável, me acusando de ter abusado de sua filha, de tê-la engravidado, e de minha mãe tê-las colocado para fora de casa. Fiquei sem fala. Mamãe nunca havia me contado o real motivo por que elas tinham ido para o interior. Nessa mesma reunião minha mãe, que também já desencarnou, se manifestou e me contou a verdade. Fiquei desnorteado. Comecei a procurar por Mel. Soube, na casa espírita, que dona Mercinha estava inscrita na assistência social e recebia, todos os meses, roupas e uma cesta básica. Mas já fazia tempo que ela não aparecia para pegar as doações. Ao ver a lista, tratei de conhecer o endereço dela. E então descobri que ela morava com vocês. Quero que você entenda que não tenho remorso nem estou fazendo isso para aplacar minha consciência. Falei com minha mulher, e nos colocamos a campo para ajudar e, se possível, salvar minha amiga de infância. Contudo, cheguei tarde para ela, a tuberculose e demais doenças já tinham invadindo seu corpo. Nada mais restava a fazer, além de minimizar a dor. Mas... — e fez uma pausa — não para vocês. Havia um futuro pela frente. Sabe, meu amigo, assim que coloquei os olhos em vocês, naquele dia chuvoso, simpatizei logo. Já tinha visto vocês andando pela cidade.

— Hum! — ruminava Afonso, meneando a cabeça —, Liana vivia dizendo que podia ter casado com um milionário, se não fosse a mãe dele. Como a encontrei na lama, bêbada, achei que tudo aquilo que falava era ilusão, imaginação. Ela gostava de panos bons para se cobrir, e quando encontrava roupas boas, no lixão, pegava rápido, com medo que outros vissem. Mas uma coisa eu não entendi. Você falou com a sua mãe e com a mãe dela depois de mortas? Como é isso? Sempre soube que quem morre não volta mais.

— Ah, meu amigo, também vim a saber e a confirmar isso após a morte de minha mãe. Ninguém morre, a não ser o corpo. O espírito que anima esta máquina carnal sobrevive à morte. Quando cheguei aqui não lhe falei que pertencia a uma instituição que tinha uma assistência social onde dona Mercinha era atendida?

— Sim, mas, francamente, eu não havia entendido bem. Estava assustado e queria despachá-lo logo, porque achava que era do bando dos traficantes.

— Como você vê, as coisas foram feitas sem meu conhecimento. Vim a saber disso tudo quando dona Mercinha se comunicou lá na casa espírita, falando coisas terríveis sobre mim e me culpando da situação de Liana. Naquele momento eu não participava dos trabalhos, mas ainda assim fiquei com falta de ar, tive um mal-estar pavoroso, parecia que teria um infarto. Depois que minha mãe se manifestou e explicou tudo, me contaram a verdade. Mamãe chorou muito, arrependida. Pediu para eu localizar o paradeiro de Mel e, se possível, dar-lhe assistência. E foi o que fiz. Quanto a me comunicar com almas de outro mundo, voltarei ao assunto em outra oportunidade. Hoje não tenho tempo para explicações, mais tarde conversaremos sobre isso com calma. Por enquanto, quero deixar bem claro: siga as orientações de Marcos, fiquem todos em casa, alimentem-se bem, fortaleçam-se, porque tenho, para todos, muitos planos, e sei que vão gostar. Aí vêm seus filhos. Preciso ir, a família me espera. E veja: o céu está estrelado, a chuva parou e está uma linda noite.

28

Relembrando a beneficência e a piedade

Leônidas entrou na van, mas não estava sozinho. Com ele, do nosso mundo invisível, estávamos eu e mais três companheiros. Havíamos acompanhado a ida à clínica e, como tudo corria bem na casa de Afonso, que ficara com alguns amigos espirituais para defender a família dos espíritos que conviviam com os traficantes, seguíamos tranquilos, na companhia agradável do benfeitor encarnado daquela família que ele adotara.

A noite estava majestosa. Depois daquela abençoada chuvarada, o ar estava fresco e delicioso. Lêonidas meditava: "Hum, sei que estou acompanhado pelos amigos da minha casa espírita. A noite está incrível, e é nestas horas que aperta a saudade de um lugar que não sei nem mesmo precisar. Bem, pelo menos não estou sozinho".

Pensando nisso, Leo começou a assobiar uma cantiga grata ao seu coração. E seguia seu caminho, acompanhado pelas estrelas. A Lua cheia vigiava a Terra por inteiro, alumiando a estrada pavimentada. De vez em quando passavam carros em alta velocidade, como se quisessem alcançar o céu.

Sua mente, embora centrada no caminho, continuava ligada àqueles novos amigos. E, intuído por nós, rememorava alguns tópicos da lição do Evangelho sobre a beneficência. "Estou fazendo a minha parte", pensava. E nós, do lado espiritual, fizemos que ele reparasse nos barracões espalhados às margens, abrigando vidas fustigadas pelo sofrimento.

Aquelas pessoas amontoadas viviam em situação subumana, mas quem se importava? A vida é corrida, e cada um parte atrás de seus interesses. Não para os Cassal Barros, cuja família assumiu novos objetivos. Para o casal, o ser humano era mais importante que tudo, a principal questão, juntamente com os cuidados com o planeta. O casal se entrosava.

Alfredo, companheiro de colônia espiritual de Leo, avivou-lhe a mente com mais uma lição do Evangelho: a piedade. E Leo, de mente aguçada, absorveu a lição: "A piedade é a virtude que mais vos aproxima dos anjos. A piedade bem sentida é amor; amor é devotamento; essa abnegação e esse esquecimento de si mesmo em favor dos desgraçados é virtude por excelência". Leo chegou finalmente ao lar com paz no coração e serenidade em suas energias vibracionais. Seguiu para um banho reconfortante, enquanto sua alma alimentava-se das emoções e fluidos lançados por seus amigos espirituais.

*

A indústria de autopeças estava em franca ascensão. Leônidas, que era o presidente majoritário, confiou a administração a

Raul. Sua empresa ficou conhecida em todo o Brasil pela credibilidade e forma digna com que tratava os funcionários. Um ônibus os levava ao trabalho junto com os filhos. As crianças pequenas eram deixadas na creche da fábrica e as maiores, na escola mais perto. Leo foi pioneiro nesse benefício de dar garantias para que os pais e as mães pudessem trabalhar enquanto os filhos ficavam em segurança, um tipo de serviço mais tarde copiado por outras empresas. Leo tornou-se um patrão altamente democrático e moderno, investia na qualificação de seus funcionários, tratando-os com dignidade. Adotou mais tarde o programa que possibilitou aos empregados ter participação nos lucros. Leo viajou muito ao exterior para conhecer projetos de energia renovável e aplicar em sua empresa. E mesmo em meio a todo esse trabalho, achava tempo de participar da casa espírita para transmitir e estudar o Espiritismo.

29

Em tratamento

Maria Eduarda também achava tempo para tomar conta da família de Afonso. Na semana do Natal, a família Cassal Barros visitou Afonso e os meninos. Cada um levou um enfeite para adornar a casa nova, mas foi João quem ofereceu a árvore de Natal. Cumprimentou cada um, com gentileza e alegria.

— Então, estamos aqui! E viemos com papai e mamãe para enfeitar sua casa, trouxemos cola, tesouras e muitos enfeites. Por onde vamos começar?

Os meninos, meio desajeitados, falavam em conjunto e atrapalhados. José Pedro esclareceu:

— Não sabemos, porque nunca tivemos árvore de Natal e nunca enfeitamos nossa casa. Nossa mãe não gostava de Natal.

— É — confirmou Afonso, constrangido. — É isso mesmo.

Leo, quando percebeu que a conversa ia acabar em choro e tristes lembranças, convidou todos para ajudar na montagem da árvore. Corta aqui, puxa ali, e a árvore de Natal, feita com material reciclável, ficou maravilhosa.

— Sabe, galera, meus pais estão metidos num assunto muito sério. Eles querem salvar o planeta, sabiam? Lá em casa a gente separa material orgânico, inorgânico e descartável... é por aí.

Leo convidou os filhos de Afonso para a festa natalina na casa espírita, onde ganhariam muitos presentes e poderiam assistir a peças de teatro sobre a vida de Jesus. Depois, se despediram num clima de amizade e descontração. André, o caçula de Leo, mais tímido que João, já dentro do carro assim se expressou:

— Papai, como eles são magrinhos, parecem uma varinha. Se dobrarem, podem até quebrar. — Todos riram da inocência do garoto não acostumado à convivência com pessoas tão pobres. E continuou: — Será que eles vão morrer?

— André, desde quando pessoas magras correm o risco de morrer?

— É que eles falam tão baixinho. Demorei a entender seus nomes. Depois que João falou, é que pude entender. Mirela, Paulo e José Pedro. Gostei muito deles, será que podemos voltar para brincar? As férias já estão chegando, eu queria mexer naquela terra fofa e colocar os pés nela. – E, voltando-se para Maria Eduarda: — Que acha, mãe?

— Claro, viremos aqui muitas vezes, eu prometo.

— Eu pensei que pessoas que mexem no lixo fossem sujas e cheirassem mal, mas eles são tão limpinhos, que até fiquei com remorso de um dia ter pensado em não vir. Gostei muito deles. Quero, também, como André, vir muitas vezes aqui. Adorei. A casa tem cheiro de terra molhada e flor.

— Olha só quem está fazendo poesia... justamente quem fala mal dos meus poemas. Hum, estou gostando de ver — disse Lu, em tom jocoso.

Maria Eduarda entrou na conversa, apartando o que seria uma desagradável discussão.

— Lu, João simplesmente está expressando seus sentimentos. Que mal há nisso? Agora chega.

E assim a chegada em casa terminou em paz.

***

Liberados pelo doutor Marcos para voltarem às aulas após o tratamento para anemia, os filhos de Afonso voltaram à escola. Precisavam concluir o ano. Surpreendentemente, foram recebidos com alegria. Aqueles que os maltratavam passaram a cumprimentá-los. Uma mudança significativa estava acontecendo. Nas semanas seguintes fizeram as provas e os exames finais, e foram aprovados e elogiados pelos os professores, que reconheceram neles a garra e o interesse de aprender. Nesse dia voltaram para casa cheios de satisfação, mostrando as notas para o pai amoroso, que os esperava com certa ansiedade. Ele não sabia se as crianças iriam conseguir as notas depois de um tempo afastados da escola. Entretanto foi uma alegria só.

Num sábado, a casa espírita promoveu uma festa de Natal. Os benfeitores espirituais da casa participaram, espargindo suaves energias sobre todos, que lembravam de Jesus e de seus feitos, e não somente de seu nascimento. O clima era de alto-astral. Alunos carentes assistiam à apresentação de jovens ao piano, e um coral superafinado emocionou todo mundo. Uma ceia maravilhosa coroou a festa.

Ao final da festa, Leo e Duda levaram Afonso e os filhos para casa. Afonso estava com os olhos úmidos, mas a alma serena. Nunca presenciara tanta harmonia e fraternidade. Em cada rosto ele via alegria, solidariedade, amor, desprendimento, e uma sensação de paz lhe tomava conta. Na casa espírita pouco importava quem era rico ou pobre; eram todos irmãos, festejando o nascimento de Jesus.

Ao chegar em casa, Afonso sentia sua alma leve. Perguntou a Leo se poderia participar daquela casa de amor, onde os corações batiam de igual para igual.

— Com certeza, meu amigo. Você participará das reuniões públicas, e seus filhos, da escola de evangelização. Tenho certeza de que amarão.

30
Véspera de Natal

Era véspera de Natal. Maria Eduarda abriu a janela de seu quarto e admirou o céu. As estrelas cintilavam como miúdos vaga-lumes a vigiar a Terra. A Lua estava, como nunca, brilhante e cheia. Em torno de si, para quem tinha olhos e sentidos, ressoavam acordes de incomparável música estelar, e o cosmo respirava vibrações doces que só os corações iluminados poderiam pressentir. "Estamos chegando numa Nova Era. Percebo Jesus, nosso oleiro, príncipe das nossas existências, laborando incessantemente por todo o planeta", pensou Duda. Ao contato dessas maviosas energias, sua alma respirava paz e alegria renovada. Sorriu de suas ternas recordações de natais em casa, com seu pais e familiares, lembrou-se das bonecas luxuosas e caras; nem fazia ideia que lá fora havia crianças sem bonecas, sem Natal e sem comida. Eram os excluídos sem teto, sem nome, sem instrução; eram as crianças maltratadas que fugiam de seus barracos. Suspirava, como se tivesse culpa de lembrar uma infância feliz, enquanto milhões de seres viviam na penúria. Sua mentora veio em seu socorro e se fez ouvir pelos sentidos da alma: "*Não esqueça, minha querida, que aqui se ensaiam todas as etapas de evolução e aprendizado. Colhemos o que semeamos. Vamos, temos de ir à casa de Afonso Silveira da Cunha e sua prole, e não podemos chegar lá com energias de tristeza e dissabor*". De fato, Maria Eduarda tomou aquilo como se fosse seu próprio pensamento e foi terminar de se arrumar, com elegância e singeleza, enquanto declamava um lindo verso da sua adolescência:

— Quero voar/como os pássaros no ar/e como leve borboleta/brincar na aragem da floresta/livre no firmamento/desabrochar sentimento/e na metamorfose das fadas/viajar como silfos em sua despedida/colher flor pelo vento trazida/ah! e navegar pelo éter/sem ser perseguida!

Maria Eduarda, na riqueza, não tivera disposição para cantar versos e sentir-se feliz e de bem com a vida. Sua alma agora respirava em outro padrão vibratório — o da felicidade autêntica, sem as prioridades mesquinhas do material e do supérfluo. Na riqueza, por certo, ela fora boa, justa, porém morna, sem decisão. Agora, na batalha pela vida e pelo pão de cada dia, Maria Eduarda mostrava força. Sua alma ascendeu ao patamar da evolução que lhe era natural. Desabrochou para as coisas do espírito e à finalidade de todos nós, quer encarnado ou desencarnado: ascender à plenitude. Assim ela terminou suas elucubrações em versos. E, junto com Leo, reuniu a família e tocou o carro para a casa de seus novos amigos.

Eram dez horas da noite, e todos os aguardavam, de roupas novas e um olhar de sonho e esperança na fisionomia. Uma perfumada aragem de frescor da noite era um calmante que a natureza oferecia àqueles seres humanos, concedendo-lhes o reencontro e desfazendo equívocos do passado; harmonizando no presente um passado de desencontro, maldade, ganância e luxúria. Estavam hoje em paz, e o afeto desabrochava de forma natural, por meio do bendito esquecimento, tão discutido pelos que não concordam com a reencarnação.

Afonso nunca falava de seu sobrenome, Silveira da Cunha. Sua mãe biológica engravidara solteira e fugira para o interior para ter a criança. Quando voltou à capital, deixou o filho num convento. No começo, ela ainda o visitava, mas, à medida que o tempo ia passando, ela foi deixando de ver o filho, até abandoná-lo totalmente. Acabou criado pelas franciscanas, que já o amavam.

Assim que chegaram, as crianças logo se enturmaram. Duda e Leo colocaram sobre a mesa os petiscos que haviam levado para a ceia: rabanada, bolo de fubá, refrigerantes, frutas, pão de mel, queijo, salame. Mirela não se cansava de olhar Luísa, que usava um vestido branco e adereços nos braços e no pescoço, emoldurando sua silhueta de bailarina. Puxou o vestido para que Lu olhasse para ela e disse, ingenuamente:

— Quando eu crescer quero ser igual a você e vou usar vestidos como esse, papai me prometeu.

— Você quer que eu lhe dê um? Porque ele pode ser usado para todas as idades, é só acertar o tamanho. Você já é uma linda menina de seis anos.

— Será? — e olhando para seu pai: — Eu poderia usar um assim, papai?

Afonso olhou para Duda e Lu, envergonhado, mas as mulheres acenaram a cabeça para ele dizer sim.

— Sim, filha, você vai ficar tão bonita como a senhorita Lu.

— Trouxemos rabanadas e outras guloseimas que sei que gostam — falou Duda.

— Fizemos bananas fritas com açúcar e canela. *É* muito gostoso — disse Paulo, feliz de também ter o que oferecer.

Então, Leo, emocionado, propôs:

— Vamos fazer assim, nós provamos os quitutes de vocês, e vocês provam os de Maria Eduarda, feitas por Josefa, nossa funcionária. Trouxemos também sanduíches.

— Está bem! Nossa mesa hoje está farta, não é, papai? — falou Paulo. — Com certeza foi Jesus que nos mandou esses amigos, porque eles O amam muito, e nós estamos aprendendo a amá-Lo também.

— Bem, já são mais de dez horas, a mesa está posta e os presentes, ao redor da árvore de Natal, mas a ceia só será um minuto depois da meia-noite, estamos combinados?

— Sim! — concordaram todos, efusivamente.

— Então, antes eu queria falar um pouco de Jesus e de seu nascimento, segundo a tradição cristã, está bem? — perguntou Duda.

— Sim! — responderam todos.

— Há dois mil anos Jesus nasceu, lá no Oriente, muito distante daqui do Brasil, no reinado de Herodes, um homem muito cruel. Informado de que um rei vinha para sua cidade em forma de menino, ele mandou matar todas as crianças de até dois anos. Vindos de Nazaré, Maria e José encontraram abrigo em um estábulo, e foi lá que Jesus nasceu. Maria ajeitou uma manjedoura, onde depositou Jesus. Como testemunhas, havia bezerros, vacas, ovelhas, cavalos e muitos outros animais. Os Evangelhos falam de pastores que, perto de Belém, viram anjos no céu e os ouviram cantar. A Bíblia também relata que vieram sábios do Oriente para ver o Messias recém-nascido, seguindo até Belém, a luz de uma estrela. Os três reis, Baltazar, Belchior e Gaspar, interpretaram a mensagem e souberam que o Rei dos Reis havia nascido para libertar e salvar os homens do mal e do pecado que reinava no mundo. Cruzaram desertos com seus presentes. Levaram a Jesus oferendas de ouro, incenso e mirra para homenagear o maior profeta de todos os tempos: a mirra, para curar as feridas dos homens; o incenso, para perfumá-lo; e o ouro, simbolizando a salvação oferecida pelo filho de Deus aos homens de boa vontade. Os cristãos, então, no dia de Natal, fazem presépio de palha para representar onde Jesus nasceu, e até hoje perdura essa tradição. Mas Jesus não foi só isso que a tradição cristã relata, Jesus revolucionou os parâmetros daquela época. Ele dizia: "Amai-vos uns aos outros" e muitas outras coisas que, com o tempo, vocês aprenderão. Ele curou cegos, paralíticos e, num casamento, quando não havia mais vinho, transformou a água em vinho. Também multiplicou pães e peixes em uma de suas andanças pregando o reino do céu. Lecionou, em sua trajetória, amor, perdão, compaixão e misericórdia. Amou muito a todos, inclusive continua a nos amar. E todos os que realmente O amam e acreditam nas Suas palavras tentam seguir Seus conselhos. Papai Noel é apenas um símbolo criado, séculos depois de Jesus, no dia 25 de dezembro, como se fosse seu nascimento. Mas não o representa, é uma forma de confraternização, quando trocamos afeto, alegrias, presentes e nos enchemos de promessas desejando que elas se realizem.

— Que linda história de Jesus, dona Eduarda! — exclamou Paulo, embevecido com a forma como ela relatara a vinda do Mestre Nazareno. — Nossa! Reis vieram saudá-Lo, e Ele nasceu numa manjedoura, então Jesus era um cara muito do bom mesmo, respeitado por grandes homens.

À medida que todos se abraçavam, Leo via numa tela esfumaçada a carruagem e seu fantasma, diluindo-se como se estivesse passando neles uma borracha.

Após a ceia, as crianças começaram a abrir os presentes. Mas, Leo, piscando para João, lembrou que estava faltando algo.

— Venha João, me ajude a tirar da van, lembra?

Olhou para o filho, que logo respondeu.

— Claro, papai, com toda essa bagunça, esquecemos.

E pai e filho voltaram com duas bicicletas.

— Aqui estão seus presentes, Paulo e José Pedro. Espero que gostem. Como sabemos que são habilidosos em reciclar e transformar usado em novo, trouxemos tintas e lixas.

Os meninos se aproximaram de Leo e beijaram seu rosto com alegria e gratidão.

Leo os recebeu com satisfação:

— Depois que me engajei na ONG, na tarefa de ajudar a salvar o planeta, e também quando me tornei espírita, aprendi muita coisa. Nasci em berço de ouro e vivi como milionário. Depois, com a ruína do meu patrimônio, não me entreguei. Com a colaboração de minha esposa, de minha irmã e de meu cunhado, nos reerguermos, com muito esforço, trabalho e dedicação. Aprendi que as coisas que nos vêm às mãos com facilidade incentivam-nos ao consumismo. Mas se adquiridas com trabalho e esforço, damos mais valor a elas. Por isso trouxe de uma casa de reciclagem estas lindas bicicletas para que vocês coloquem nelas seu trabalho, seus esforços e cuidem muito bem delas.

— Agora, vamos entregar os nossos — disse José Pedro. — Fizemos em conjunto. Este é para dona Maria Eduarda, papai nos ajudou a confeccionar.

Maria Eduarda abriu delicadamente e se deslumbrou com esculturas de mulheres africanas feitas de garrafas de vidro com papel machê. Ao amigo Leo, Afonso entregou um porta-material feito com PVC para guardar ferramentas domésticas. Para Lu, Mirela entregou um porta-joias de madeira reciclada, pintada e lustrada. Por fim, José Pedro entregou para João uma caixa muito colorida, com heróis e super-heróis recortados de revistas de quadrinhos. Dentro, um jogo de quebra-cabeça. Os visitantes ficaram surpresos com as habilidades dos novos amigos.

— Vocês acharam que ficamos em casa sem fazer nada? Não mesmo. Papai arquitetou tudo para nos manter ocupados. Gostaram? — perguntou José Pedro.

— Ainda faltam os cartões que fizemos na escola! — disse Mirela, que saiu correndo para pegá-los.

Enquanto todos liam as mensagens dos cartões, só uma pessoa estava num canto, emburrada.

— E eu, não tem nada para mim?

— Ah! Meu querido amiguinho — acudiu Afonso, tentando aliviar a aflição de André. — Claro que pra você também tem presente. Como iríamos esquecer?

E André recebeu, como os demais, um pacote. Ao abri-lo, viu uma caixa enfeitada com figuras de carros e aviões coloridos. Dentro, réplicas de aviões feitas com prendedores e palitos de sorvete e carrinhos de garrafas PET.

— Ah! Gostei! Muito obrigado!

A noite terminou em alto-astral. As famílias se despediram, felizes. Quando estavam todos dentro carro, Leo se lembrou de algo e freou bruscamente.

— Esperem. Ainda falta mais um presente, o de Afonso.

A família estava arrumando a mesa, retirando os pratos, quando Leo bateu. Afonso abriu e interrogou surpreso:

— Esqueceram alguma coisa?

— Tinha um presente para você, que estava no carro.

— Mais presente ainda?

— Tome, é para você — falou Leo.

— Ah! Vem em boa hora: enxada, pá, rastelo e foice. Bem, então já tenho tudo para cuidar da horta e do jardim. Puxa vida, que Natal!

Já passava da uma hora da madrugada. Naquela noite memorável, todos haviam se abraçado como verdadeiros irmãos, em um ambiente de fraternidade e solidariedade.

De nossa parte, também fomos nos retirando; ficou apenas um guardião cuidando da família. Enquanto Afonso e os filhos relaxavam para enfrentar um novo dia, nossa caravana partia para atender outros necessitados. É preciso lutar e defender. O mal é alarmante, sem dúvida, mas o bem é o caminho para a ascensão. Por isso, o empenho da dimensão espiritual em injetar confiança e esperança naquelas famílias.

31

Começo de novo ano e nova vida

Leônidas costumava dar férias coletivas a seus funcionários nas festividades de fim de ano. Antes de fechar a fábrica, porém, reunia todos, com suas famílias, no salão da empresa para festejar o Natal e o ano-novo.

Aquela manhã estava radiosa. E ele, feliz, com mais uma edição da festa. Em seu quarto, sozinho, começou a se arrumar. Enquanto penteava o cabelo farto, olhava-se no espelho. E então aconteceu algo muito estranho. Ao firmar os olhos, a imagem refletida foi se transfigurando numa figura antiga, de séculos atrás. O rosto, coberto por uma vasta barba branca, o cabelo grisalho, com entradas profundas, e as vestes, que pareciam ser da nobreza inglesa, deixaram-no atônito. Leônidas não perdera a consciência, mas se examinava apreensivo. E, quanto mais se observava, em silêncio, mais a forma se materializava. E então ele disse alto:

— Meu Deus, me ajude! Justamente hoje, um dia de festa, grato ao meu coração, acontece isso? Sei quem é essa figura! É o fantasma da carruagem, a figura que me acompanha desde a adolescência. Mas eu não tenho mais medo. Deixe-me em paz. Durmo com a minha consciência tranquila. Não pode mais me atormentar, porque não estamos mais em sintonia. Siga em paz. Hoje é dia de festa e de descontração com meus amigos e funcionários, e quero sair daqui bem e com a alma leve. Vá embora!

Dito isso, a figura foi desaparecendo paulatinamente, e a imagem no espelho voltou à forma atual de Leônidas. Quando deu por si, estava gelado. O fenômeno o deixou um pouco confuso. Maria Eduarda, que também estava se aprontando, ouviu o marido falando com alguém e foi ao seu encontro. Vendo-o pálido, abraçou-o carinhosamente:

— Vamos, meu querido, conte-me o que aconteceu, seja lá o que for.

O grupo espiritual que acompanhava o fenômeno aplicava a fluidoterapia[15] para que Leo se recompusesse. Era a última etapa de "convivência" com seu fantasma de tempos remotos. Ele estava passando, naquele momento, para um novo estágio de vida, para novas empreitadas, novos desafios, novos projetos de vida, fortalecido pelo Espiritismo e por seu novo modo de viver. Nutrido pelas energias benéficas, ele, que havia se estirado na cama, voltou a si, fortalecido:

— A partir de agora, minha Duda, o fantasma da carruagem não voltará mais. Estive com ele agora há pouco. E sei que ele sou eu. Tenho a impressão de que passei de uma etapa de vida para outra, talvez até com mais desafios, mas também com mais tranquilidade e paz na consciência...

— Está tudo bem, meu amor. Eu sinto isso. E para encerrar essa fase, vamos comemorar na festa, que vai ser linda.

---

15. Fluidoterapia: um tipo de passe especial aplicado por um grupo de passistas para corrigir irregularidades na estrutura do períspirito de quem está sendo tratado. Leia mais no livro *O passe espírita*, de Luiz Carlos de M. Gurgel (FEB, 2006).

Na trajetória encarnada temos de exercer a solidariedade, que faz parte da ascensão do espírito. Devemos apoiar uns aos outros, pensando no bem comum. Leo conseguiu desenvolver essa capacidade. Sabemos todos dos desafios e percalços que os encarnados precisam vencer. A solidariedade deve unir pessoas de vibrações positivas, em que vigorem as leis da harmonia e da paz.

Depois que Leônidas conheceu Afonso, a rotina do catador de papelão mudou muito. Seus filhos se profissionalizaram em mecânica e conseguiram ótimos empregos. Mirela, que era um espírito protetor de almas em resgate, havia pedido para encarnar nesse grupo por ter grande afinidade com ele e desejo de ajudá-lo a vencer as adversidades. A menina com saúde frágil cresceu forte e tornou-se uma excelente professora. Luísa virou bailarina, e João, engenheiro. André, reencarnação do bisavô de Leo, era apaixonado por ecologia; fez engenharia civil e resolveu atuar na área da sustentabilidade.

Um mundo em pleno processo de regeneração vinha com força, impulsionado pela nova geração.

Epílogo

A vida é dinâmica em todo o Universo. Contínua e perene, aqui, neste planeta e em toda parte. Na imensidão infinita nada é estático. Tudo se move e interage.

O planeta Terra de ontem, sob todos os sentidos, material, energético e espiritual, não é o mesmo de hoje. Impérios desapareceram, a natureza modificou-se, doenças foram erradicadas, a ciência refez conceitos e adotou novos parâmetros, o homem fez e desfez leis, e, a despeito de tudo isso, o progresso seguiu em frente.

Abençoada Terra, abençoados irmãos em humanidade. Estamos de alguma forma interligados com o todo. Não há como ser diferente. Tudo que vocês hoje vivenciam, em provas e resgates, nós, que já estivemos aí em aprendizado, também vivenciamos. Como vocês, no bem e no mal, nas alegrias e nas desventuras, amamos e odiamos. Peregrinamos em quase todas as etapas, da ignorância à sabedoria. Ascendemos a patamares mais altos, sempre com obstáculos e impedimentos a serem vencidos. A Terra é uma das primeiras escalas à nossa ascensão, nela podemos desenvolver a perfeição que nos permite habitar novas moradas.

Lembram-se da afirmação de Jesus? "Na casa do pai há muitas moradas." E eu afirmo que elas existem; tive a oportunidade de conhecer algumas como forma de conhecimento e instrução. E digo: enquanto o homem não se interessar pela imortalidade, trabalhando a sabedoria, ao retornar à espiritualidade enfrentará a dura realidade do encontro consigo mesmo. Quando deixar sua matéria sepultada sob muitas pás de terra, viajará como todos nós, por sua própria conta, e aportará em um lugar que lhe mostrará, como aconteceu conosco e com todos os espíritos que transitaram neste planeta, o tipo de pessoa que realmente é. Sem máscaras, sem subterfúgios, sem hipocrisia. O ser espiritual com a roupagem de encarnado deve flertar com a vida e ter por ela uma ternura incondicional.

Lembremo-nos de Liana, que foi resgatada e socorrida por almas generosas. Afinal, que mérito ela teve para ser conduzida a um lugar seguro, sem ser perturbada pelos vampiros de plantão que absorveriam o que lhe restava de energia vital? Porque, embora ela tenha adquirido o vício das drogas nesta encarnação e tenha se tornado alcoólatra, perdeu muito daquela arrogância e prepotência de quando era rica e destituída de um mínimo de humanidade. Por causa disso alcançou outro patamar em padrões evolutivos.

No mundo novo em regeneração — ainda estamos em transição —, haverá uma destruição planejada, não abusiva. Nosso mundo se elevará a um patamar de evolução graduada. Aqueles que aqui estiverem terão qualidade de vida, sob todos os sentidos. A solidariedade estará fazendo seu papel, e a fraternidade unirá os povos, que irão se auxiliar mutuamente em nome de um amor universal.

Desse modo, não desanimemos, por enquanto, nesta transição. O campo humano continua em erosão e miséria, e há, ainda, charcos de dor. Mas isso não é motivo para que não lancemos a semente do bem e da fraternidade, auxiliando sempre, até que a ignorância ceda em benefício da humanidade.

Vinícius e Anne Thompson Stuart

Será a realidade apenas um mundo de ilusões?

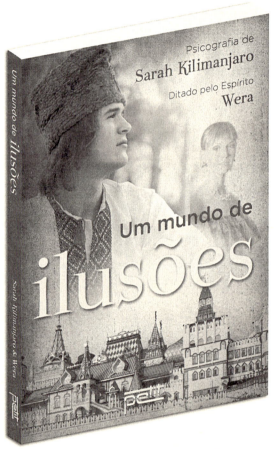

Uma dramática e surpreendente história de amor

Um romance de época, que se passa na Rússia, no fim do século 19, em pleno regime czarista. Quando Sasha recebe uma carta que mudará completamente sua vida, já na idade adulta, ele descobre ser também possuidor do divino dom da mediunidade, e passa a vivenciar incríveis experiências na mansão que acabara de herdar.

Sucesso da Petit Editora!

JOSÉ CARLOS DE LUCCA
AUTOR COM MAIS DE **1 MILHÃO** DE LIVROS VENDIDOS

ATITUDES PARA VENCER
Desenvolvimento Pessoal
Páginas: 128 | 14x21 cm
Se você está em busca do sucesso, encontrou o livro capaz de ajudá-lo a vencer. O autor explica, na prática, o que devemos ou não fazer. Quer vencer na vida? Vá ao encontro do sucesso, seguindo as recomendações dessa obra.

VALE A PENA AMAR
Autoajuda | Páginas: 168
14x21 cm
Em cada capítulo dessa obra descobrimos que está ao nosso alcance vencer as aflições, a dor e a desilusão. Páginas restauradoras do ânimo e da esperança, fortificam o espírito e despertam forças que precisamos ter para alcançar o sucesso!

COM OS OLHOS DO CORAÇÃO
Família | Páginas: 192
16x23 cm
A felicidade no lar está ao nosso alcance. Para obtê-la, é necessário enxergar nossos familiares com "Com os olhos do coração". Veja o que é possível fazer para encontrar a paz entre os que a divina providência escalou para o seu convívio familiar.

FORÇA ESPIRITUAL
Autoajuda | Páginas: 160
16x23 cm
Todos nós merecemos ser felizes! O primeiro passo para isso é descobrir por que estamos sofrendo. Seja qual for o caso, nada ocorre por acaso. Aqui encontramos sugestões para despertar a força espiritual necessária para vencer as dificuldades.

SEM MEDO DE SER FELIZ
Dissertações | Páginas: 192
14x21 cm
Em todos os tempos, o homem buscou a felicidade. Mas que felicidade é essa? O encontro de um grande amor, a conquista de riqueza, de saúde? Este livro nos mostra que a felicidade está perto de nós, mas para alcançá-la, precisamos nos conhecer.

PARA O DIA NASCER FELIZ
Autoajuda | Páginas: 192
14x21 cm
Encontrar a verdadeira felicidade requer mudanças da nossa atitude perante a vida - o pensamento positivo, a aproximação com Deus... Para o dia nascer feliz, é só abrir uma dessas páginas e seguir em frente, na certeza de que o melhor está por vir.

JUSTIÇA ALÉM DA VIDA
Romance | Páginas: 304
14x21 cm
Numa história fascinante são relatados os mecanismos da justiça à luz da espiritualidade. O autor descreve o ambiente dos tribunais do ponto de vista espiritual. Uma amostra de como os caminhos escolhidos podem delinear a felicidade ou o sofrimento do amanhã?

OLHO MÁGICO
Autoajuda | Páginas: 160
14x21 cm
Leitura fácil e envolvente, revela histórias e pensamentos que servem para refletirmos sobre novas soluções para nossas dificuldades. Para o autor, a felicidade está ao alcance de todos, basta apenas descobri-la em nossos corações.

www.petit.com.br

Um bate-papo sincero e verdadeiro sobre diversos temas

Nada escapa à curiosidade dessas crianças!

Temas delicados, como sofrimento, suicídio, espiritismo e reencarnação, são tratados de uma forma bastante diferenciada nesta obra de Manolo Quesada. Por meio de perguntas e respostas, no melhor tom de bate-papo, o autor responde às perguntas e inquietações de suas netas, garotas muito curiosas e antenadas com as novidades do dia a dia.

Sucesso da Petit Editora!

CRISTINA CENSON

A CASA DAS MIL PALAVRAS
Médium: Cristina Censon | Ditado por: Daniel | Romance | Páginas: 416 | 16x23 cm

Uma casa que abriga mil palavras, mil emoções, mil segredos... De geração em geração, eventos drásticos, apaixonantes e surpreendentes se sucederam em uma casa suntuosa, construída por dois irmãos que vieram da França para o Brasil a fim de tentar novas oportunidades. Em tempos mais recentes, quis o destino que Sophie, uma jornalista francesa que pertencia à última geração da família Busson-Carvalhal, proprietária dessa mansão, viesse ao Brasil para uma visita que marcaria todos os seus familiares: Lucille, irmã de sua avó; Bertrand, um habitante do mundo espiritual torturado pelos próprios erros; Madalena, fiel amiga; Gilles e seus dois filhos, Philipe e Hector. Em uma jornada de ódio, amor e descobertas, A Casa das Mil Palavras reunirá sob seu teto pessoas que aprenderão, mais que desvelar o passado, os ensinamentos espirituais necessários para viver um futuro de alegria e paz.

A LUZ QUE VEM DO CORAÇÃO
Médium: Cristina Censon
Ditado por: Daniel
Romance | Páginas: 424
16x23 cm

TEMPO DE DESPERTAR
Médium: Cristina Censon
Ditado por: Daniel
Romance | Páginas: 400
16x23 cm

REESCREVENDO HISTÓRIAS
Médium: Cristina Censon
Ditado por: Daniel
Romance | Páginas: 352
16x23 cm

PELOS CAMINHOS DA VIDA
Médium: Cristina Censon
Ditado por: Daniel
Romance | Páginas: 384
16x23 cm

SEGUINDO EM FRENTE
Médium: Cristina Censon
Ditado por: Daniel
Romance | Páginas: 328
16x23 cm

Av. Porto Ferreira, 1031 - Parque Iracema
CEP 15809-020 - Catanduva-SP
17 3531.4444

www.petit.com.br | petit@petit.com.br
www.boanova.net | boanova@boanova.net